Peter Mayall

Die Entwicklung neuer Chip-Generationen für KI-Anwendungen auf Smartphones

bup

Peter Mayall

Die Entwicklung neuer Chip-Generationen für KI-Anwendungen auf Smartphones

ISBN: 978-3-68904-340-7 (Paperback)
ISBN: 978-3-68904-347-6 (E-Book)

Copyright: Bremen University Press, Bremen, 2024.
Die Nutzung des Manuskripts im Ganzen oder in Teilen ohne vorherige schriftliche Zustimmung des Verlags ist nicht zulässig.

Erste Auflage
April 2024
Version 1.0
Printed in the European Union
bup@bremenuniversitypress.com
www.bremenuniversitypress.com

Peter Mayall

Die Entwicklung neuer Chip-Generationen für KI-Anwendungen auf Smartphones

Übersicht

EINLEITUNG   4

DIE ROLLE MODERNER CHIPS IN DER ENTWICKLUNG VON KI   26

SMARTPHONES ALS PLATTFORM FÜR KI-ANWENDUNGEN   38

GRUNDLAGEN DER KI UND IHRE ABHÄNGIGKEIT VON HARDWARE   48

RECHENKAPAZITÄTEN FÜR KI-ALGORITHMEN   68

DIE EVOLUTION MODERNER CHIPS FÜR KI-ANWENDUNGEN   88

ZUKÜNFTIGE TRENDS UND INNOVATIONEN   107

Inhaltsverzeichnis

EINLEITUNG   **4**

DIE EVOLUTION VON KI-TECHNOLOGIEN   5
KI: SOFTWARE ODER HARDWARE?   9
SOFTWARE   10
HARDWARE   19
ZUSAMMENSPIEL VON SOFTWARE UND HARDWARE   22

DIE ROLLE MODERNER CHIPS IN DER ENTWICKLUNG VON KI   **26**

BESCHLEUNIGUNG DES TRAININGS VON KI-MODELLEN   26
ERMÖGLICHUNG KOMPLEXERER MODELLE   28
VERBESSERUNG DER EFFIZIENZ UND VERRINGERUNG DER KOSTEN   30
FÖRDERUNG VON ECHTZEITANWENDUNGEN   31
ANPASSUNG AN SPEZIFISCHE ANFORDERUNGEN   33
ZUKUNFT DER KI-CHIPS   35

SMARTPHONES ALS PLATTFORM FÜR KI-ANWENDUNGEN   **38**

UBIQUITÄT UND ZUGÄNGLICHKEIT   38
LEISTUNGSFÄHIGE HARDWARE   38
SENSOREN UND DATENSAMMLUNG   42
VERBESSERUNG DER NUTZERERFAHRUNG   42
ENTWICKLUNGS- UND INNOVATIONSFÖRDERUNG   44

GRUNDLAGEN DER KI UND IHRE ABHÄNGIGKEIT VON HARDWARE   **48**

RECHENLEISTUNG   48
SPEICHER UND SPEICHERBANDBREITE   49
ENERGIEEFFIZIENZ   52

Spezialisierung vs. Generalisierung	52
Zugänglichkeit	54
Grundkonzepte und Anwendungen von KI und ML	55
Grundkonzepte der KI	55
Grundkonzepte des Maschinellen Lernens	60

RECHENKAPAZITÄTEN FÜR KI-ALGORITHMEN   68

Umfangreiche Datensätze	68
Komplexität der Modelle	69
Echtzeitanforderungen	69
Iteratives Training und Optimierung	69
Spezialisierte Hardware	70
Arten von Chips, die in der KI verwendet werden	70
CPUs (Central Processing Units)	71
Einsatz von CPUs in der KI	73
GPUs (Graphics Processing Units)	74
TPUs (Tensor Processing Units)	79
FPGAs (Field-Programmable Gate Arrays)	83

DIE EVOLUTION MODERNER CHIPS FÜR KI-ANWENDUNGEN   88

Geschichte der Hardware-Entwicklung speziell für KI-Anwendungen.	88
Spezialisierung und Optimierung: Von GPUs zu TPUs und darüber hinaus.	91
Fallstudien: KI auf Smartphones und die dazugehörigen Chips	94
Spezialisierte Prozessoren	95
Dedizierte KI-Chips	95
Beispiele für KI-Chips in Smartphones	97
Apples Neural Engine	97
Googles Tensor Processing Unit (TPU)	99
Huaweis Kirin-Chipsatz mit NPU	102
Sensoren und andere Hardware-Komponenten	105
Optimierungen auf Softwareebene	105

ZUKÜNFTIGE TRENDS UND INNOVATIONEN   107

WEITERENTWICKLUNG SPEZIALISIERTER KI-CHIPS	**107**
VERBESSERUNG DER ENERGIEEFFIZIENZ	**107**
INTEGRATION VON KI IN ALLE ASPEKTE DER SMARTPHONE-TECHNOLOGIE	**108**
EDGE-COMPUTING UND DIE ROLLE DER CLOUD	**110**
NEUE MATERIALIEN UND FERTIGUNGSTECHNIKEN	**113**
HERAUSFORDERUNGEN BEI DER WEITERENTWICKLUNG VON KI-FÄHIGEN CHIPS FÜR SMARTPHONES	**115**

Einleitung

Die Entwicklung neuer Chip-Generationen speziell für KI-Anwendungen auf Smartphones nimmt weiter Fahrt auf. Diese neuen Chips sind darauf ausgelegt, die Leistung und Effizienz von KI-Funktionen auf Mobilgeräten zu optimieren. Ihre Konzeption berücksichtigt nicht nur die Notwendigkeit, komplexe Berechnungen schneller durchzuführen, sondern auch den Energieverbrauch zu minimieren, um die Akkulaufzeit zu verlängern. Diese spezialisierten Chips ermöglichen eine Reihe von fortschrittlichen Funktionen wie verbesserte Bildverarbeitung, natürlichsprachliche Verarbeitung und Echtzeit-Übersetzung, indem sie maschinelles Lernen und tiefe neuronale Netzwerke direkt auf dem Gerät effizient verarbeiten.

Im Zentrum dieser Innovation stehen sowohl die Weiterentwicklung der Chip-Architektur als auch die Nutzung neuer Materialien und Fertigungsmethoden. Diese Entwicklungen zielen darauf ab, Chips zu erschaffen, die nicht nur schneller und leistungsfähiger sind, sondern auch in immer kleineren Formaten produziert werden können, um in das schlanke Design moderner Smartphones zu passen. Darüber hinaus tragen sie zur Verbesserung des Datenschutzes bei, da mehr Daten direkt auf dem Gerät verarbeitet werden können, ohne dass eine Übertragung in die Cloud notwendig ist.

Diese neuen Chips für KI-Anwendungen auf Smartphones symbolisieren einen deutlichen Schritt vorwärts in der mobilen Technologie, indem sie es ermöglichen, fortschrittliche KI-Funktionen nahtlos und effizient in den Alltag zu integrieren.

Der Autor arbeitet bei einem großen Chip-Hersteller in der Forschung und Entwicklung.

Die Evolution von KI-Technologien

Die Evolution von Künstlicher Intelligenz (KI) ist eine Entwicklung, die sich über mehrere Jahrzehnte erstreckt und mittlerweile Auswirkungen auf nahezu jeden Aspekt der menschlichen Gesellschaft hat. Diese Entwicklung hat nicht nur die Art und Weise, wie wir arbeiten, kommunizieren und lernen, verändert, sondern wirft auch grundlegende Fragen über Ethik, Privatsphäre und die Zukunft der menschlichen Arbeit auf.

Die Anfänge der KI reichen zurück bis in die 1950er Jahre, als der Begriff "Künstliche Intelligenz" erstmals bei der Dartmouth Konferenz im Jahr 1956 geprägt wurde. In dieser Zeit wurden grundlegende Konzepte und Algorithmen entwickelt, die auch heute noch relevant sind. Diese frühe Phase war von einem großen Optimismus geprägt, jedoch stießen die Forscher bald auf die Grenzen der damaligen Computerleistung und der verfügbaren Algorithmen.

In den folgenden Jahrzehnten erlebte die KI-Forschung Höhen und Tiefen, oft bezeichnet als "KI-Winter",

Perioden, in denen die Finanzierung und das Interesse an KI wegen unerfüllter Erwartungen nachließen. Trotz dieser Herausforderungen machten Forscher wichtige Fortschritte in spezifischen Bereichen wie der maschinellen Übersetzung, der Spracherkennung und der Expertensysteme, die das Wissen von Experten in einem bestimmten Bereich kodifizieren.

Ein entscheidender Wendepunkt für die KI war die Entwicklung von leistungsfähigeren Computern und die Entstehung des Internets, welche die Sammlung und Analyse riesiger Datenmengen ermöglichten. Dies führte zum Aufstieg des maschinellen Lernens, insbesondere des Deep Learning, einer Technik, die auf tiefen neuronalen Netzen basiert. Neuronale Netze sind ein Kernkonzept des maschinellen Lernens und der künstlichen Intelligenz, inspiriert von der Arbeitsweise des menschlichen Gehirns. Sie bestehen aus einer großen Anzahl einfacher, miteinander verbundener Einheiten, sogenannter künstlicher Neuronen, die Daten verarbeiten, indem sie bestimmte Muster und Merkmale in diesen erkennen. Die Verbindungen zwischen diesen Neuronen haben Gewichtungen, die sich im Laufe des Lernprozesses anpassen, um spezifische Aufgaben wie Bild- und Spracherkennung, Vorhersagen und Entscheidungsfindung effizienter ausführen zu können.

Diese Methoden haben es ermöglicht, komplexe Muster in Daten zu erkennen und zu lernen, Aufgaben wie Bild- und Spracherkennung mit einer Genauigkeit auszuführen, die zuvor nicht möglich war.

Diese Fortschritte haben die Integration von KI in den Alltag beschleunigt, von persönlichen Assistenten wie Siri und Alexa über die Empfehlungssysteme, die die Inhalte steuern, die wir auf Plattformen wie Netflix und YouTube sehen, bis hin zu fortschrittlicheren Anwendungen wie autonomen Fahrzeugen und personalisierter Medizin. Die Fähigkeit der KI, große Datenmengen schnell zu analysieren, hat auch in Bereichen wie dem Finanzwesen, der Fertigung und der wissenschaftlichen Forschung zu Durchbrüchen geführt.

Der Einfluss der KI auf die Gesellschaft ist jedoch zweischneidig. Während sie das Potenzial hat, die Produktivität zu steigern, neue Produkte und Dienstleistungen zu schaffen und Lösungen für komplexe Probleme zu bieten, gibt es auch bedeutende Bedenken hinsichtlich der Auswirkungen auf die Arbeitswelt, die Privatsphäre und die ethischen Aspekte der Automatisierung und Überwachung. Die zunehmende Automatisierung kann zu einem bedeutsamen Wandel in der Arbeitswelt führen, mit der Möglichkeit, dass viele traditionelle Berufe verschwinden oder sich radikal verändern.

Ebenso wirft der Einsatz von KI in Überwachungssystemen und in der Entscheidungsfindung Fragen der Privatsphäre, der Verzerrung und der Transparenz auf. Die Fähigkeit von Algorithmen, Entscheidungen zu treffen, die große Auswirkungen auf das Leben der Menschen haben können, ohne dass die zugrundeliegenden Prozesse leicht verstanden oder hinterfragt werden können, hat zu einer Debatte über die Notwendigkeit von ethischen Richtlinien und einer stärkeren Regulierung geführt.

Es lässt sich sagen, dass die Evolution der KI-Technologien die Gesellschaft auf transformative Weise beeinflusst hat, indem sie neue Möglichkeiten eröffnet, aber auch neue Herausforderungen und Fragen hinsichtlich ihrer Anwendung und Auswirkungen aufwirft. Die Zukunft der KI wird nicht nur von den technologischen Fortschritten abhängen, sondern auch davon, wie Gesellschaften diese Herausforderungen angehen

Die Entwicklung und Integration Künstlicher Intelligenz in verschiedene Aspekte unseres Lebens und Arbeitens birgt ein enormes Potenzial zur Transformation. KI-Systeme können Aufgaben oft schneller und genauer ausführen als Menschen, insbesondere bei repetitiven oder datenintensiven Tätigkeiten, was zu einer Steigerung der Effizienz und Produktivität führt. Einer der größten Vorteile der KI liegt in ihrer Fähigkeit, große Mengen von Daten zu analysieren, Muster zu erkennen und fundierte Entscheidungen zu treffen, was in Bereichen wie Finanzanalyse, medizinische Diagnostik und Klimaforschung angewendet werden kann.

KI ermöglicht zudem eine beispiellose Personalisierung in Produkten und Dienstleistungen, angefangen bei Bildung und Medizin bis hin zum Einzelhandel, und passt sich den spezifischen Bedürfnissen und Vorlieben der Nutzer an. Darüber hinaus treibt KI die Entwicklung neuer Technologien und Lösungen in verschiedenen Sektoren voran und verbessert die Lebensqualität durch

Automatisierung und intelligente Assistenzsysteme, die den Alltag erleichtern und Hilfestellungen für Menschen mit Behinderungen bieten.

KI spielt auch eine entscheidende Rolle bei der Bewältigung komplexer globaler Herausforderungen wie dem Klimawandel und der medizinischen Forschung, indem sie effektive Strategien zur Lösung dieser Probleme entwickelt. Zudem kann KI den Zugang zu Bildung und Wissen erweitern, indem sie personalisierte Lernumgebungen schafft und Sprachbarrieren überwindet.

Trotz dieser positiven Aussichten erfordert die Einführung von KI eine sorgfältige Betrachtung der damit verbundenen Herausforderungen und ethischen Überlegungen. Fragen der Privatsphäre, der Arbeitsplatzsicherheit und der fairen Nutzung von KI sind entscheidend, um sicherzustellen, dass die Vorteile der KI-Technologie zum Wohle aller genutzt werden und nicht zu neuen Formen der Ungleichheit oder zu ethischen Dilemmata führen.

KI: Software oder Hardware?

Die Entwicklung und Fortschritte in der Künstlichen Intelligenz sind ein Zusammenspiel zwischen Software und Hardware, wobei jede Komponente eine entscheidende Rolle spielt. Um zu verstehen, wie KI entwickelt wird, ist es wichtig, die Funktionen und Beiträge beider Aspekte zu betrachten:

Software

Die Rolle der Software in der Entwicklung der Künstlichen Intelligenz ist ebenso zentral wie vielschichtig.

Die Software stellt die Werkzeuge und Methoden bereit, mit denen KI-Systeme entworfen, trainiert, getestet und angewendet werden. Durch die kontinuierliche Weiterentwicklung von Software-Technologien in der KI sind bemerkenswerte Fortschritte in verschiedenen Bereichen möglich geworden, von der automatischen Sprachverarbeitung über das maschinelle Sehen bis hin zur Entscheidungsfindung.

Traditionelle Systeme und regelbasierte Ansätze

In den Anfängen der Künstlichen Intelligenz stand die Entwicklung von regelbasierten Systemen, auch als Expertensysteme bekannt, im Vordergrund des Interesses.

Diese Systeme zielten darauf ab, menschliche Entscheidungsprozesse in spezifischen Fachgebieten zu simulieren, indem sie auf einem umfangreichen Satz von Regeln basierten, die von Fachexperten sorgfältig definiert wurden. Diese Regeln bildeten die Grundlage für die Systeme, um Probleme zu analysieren, Schlussfolgerungen zu ziehen und Entscheidungen zu treffen, ähnlich wie es ein Mensch in dem jeweiligen Fachgebiet tun würde.

Der Hauptvorteil von Expertensystemen lag in ihrer Fähigkeit, das Wissen und die Erfahrung von Experten in einem bestimmten Bereich zu konservieren und zugänglich zu machen. Sie wurden in einer Vielzahl von Feldern eingesetzt, von der Medizin, wo sie bei Diagnosen unterstützen, bis hin zur Finanzanalyse, bei der sie bei der Bewertung von Investitionsmöglichkeiten helfen. Expertensysteme konnten in diesen und anderen Anwendungsfällen einen wertvollen Beitrag leisten, indem sie das Fachwissen von Experten skalierten und in Situationen nutzbar machten, in denen menschliche Experten möglicherweise nicht verfügbar waren.

Trotz ihrer Erfolge stießen regelbasierte Systeme jedoch rasch an Grenzen. Ihre Effektivität hing stark von der Qualität, Vollständigkeit und Aktualität der ihnen zugrundeliegenden Regeln ab. Da diese Regeln von Menschen definiert wurden, mussten sie kontinuierlich überprüft und aktualisiert werden, um mit neuen Erkenntnissen und Veränderungen in ihrem Anwendungsbereich Schritt zu halten. Diese Notwendigkeit machte Expertensysteme arbeitsintensiv und teuer in der Wartung.

Ein weiteres Problem regelbasierter Systeme war ihre mangelnde Flexibilität und Anpassungsfähigkeit. Sie waren hervorragend darin, klar definierte Probleme innerhalb ihres Regelwerks zu lösen, hatten aber Schwierigkeiten, mit Situationen umzugehen, die außerhalb dieses Rahmens lagen. Diese Einschränkung begrenzte ihre Anwendbarkeit in komplexen oder unvorhersehbaren Umgebungen, in denen menschliche Experten oft auf Intuition und Erfahrung zurückgreifen, um Entscheidungen zu treffen.

Mit dem Aufkommen von maschinellem Lernen und tiefem Lernen haben sich die Grenzen der KI erheblich erweitert. Diese neueren Ansätze erlauben es Systemen, aus Daten zu lernen und zu generalisieren, anstatt auf vordefinierten Regeln zu basieren. Dadurch können KI-Systeme flexibler auf eine breitere Palette von Problemen reagieren und sich besser an Veränderungen und neue Informationen anpassen. Dennoch bleiben regelbasierte Systeme in bestimmten Kontexten wertvoll, insbesondere dort, wo klare, gut definierte Regeln existieren und wo die Transparenz und Nachvollziehbarkeit der Entscheidungsfindung von entscheidender Bedeutung sind.

Maschinelles Lernen und neuronale Netze

Die Entwicklung und Verbreitung von maschinellem Lernen hat die Landschaft der Künstlichen Intelligenz grundlegend verändert und erweitert.

Während regelbasierte Systeme auf einem festgelegten Regelwerk beruhen, das von Menschen definiert wird, basieren maschinelle Lernmodelle auf der Fähigkeit, selbstständig aus Daten zu lernen. Diese Modelle identifizieren Muster und Beziehungen innerhalb großer Datensätze und verbessern ihre Leistung im Laufe der Zeit durch Erfahrung, ohne dass dafür explizite Anweisungen oder Regeln programmiert werden müssen.

- Anpassungsfähigkeit und Flexibilität: Einer der größten Vorteile des maschinellen Lernens ist seine Anpassungsfähigkeit. Maschinelle Lernmodelle können Aufgaben ausführen und Probleme lösen, für die sie nicht explizit programmiert wurden. Diese Fähigkeit ermöglicht es KI-Systemen, sich dynamisch an neue Daten und veränderte Umgebungen anzupassen, was sie besonders wertvoll für Anwendungen macht, bei denen Veränderungen und Unvorhersehbarkeit die Norm sind.

- Datenanalyse und Mustererkennung: Maschinelles Lernen ist besonders mächtig in der Analyse von Daten und der Erkennung komplexer Muster, die für das menschliche Auge nicht erkennbar sind. Dies wird in einer Vielzahl von Feldern genutzt, von der medizinischen Diagnostik, wo maschinelles Lernen dazu beitragen kann, Krankheiten anhand subtiler Anzeichen in Bildgebungsdaten zu erkennen, bis hin zur Finanzwelt, wo es Muster in Marktdaten identifizieren kann, die auf zukünftige Trends hindeuten.
- Personalisierung: Ein weiterer Bereich, in dem maschinelles Lernen einen erheblichen Einfluss hat, ist die Personalisierung. Ob es um die Anpassung von Werbeinhalten, die Kuratierung von Nachrichtenfeeds in sozialen Medien oder die Empfehlung von Produkten im Online-Handel geht, maschinelles Lernen ermöglicht eine hochgradige Personalisierung, indem es

individuelle Präferenzen und Verhaltensmuster aus Daten lernt und vorhersagt.
- Automatisierung: Maschinelles Lernen treibt auch die Automatisierung voran, indem es Routineaufgaben übernimmt und Entscheidungsprozesse in Bereichen wie Kundendienst, Lieferkettenmanagement und sogar in der automatisierten Fahrzeugführung unterstützt. Diese Automatisierung kann zu erheblichen Effizienzsteigerungen führen und es Menschen ermöglichen, sich auf komplexere und kreativere Aufgaben zu konzentrieren.

Die Qualität der von maschinellen Lernmodellen getroffenen Vorhersagen oder Entscheidungen hängt stark von der Qualität und Vielfalt der verwendeten Trainingsdaten ab. Bias in den Daten kann zu verzerrten oder ungerechten Ergebnissen führen, was die Notwendigkeit unterstreicht, ethische Überlegungen in den Mittelpunkt der Entwicklung von KI-Systemen zu stellen.

Die Revolution, die durch maschinelles Lernen in der KI-Landschaft ausgelöst wurde, ist. Während wir die Potenziale dieser Technologie weiter erforschen und realisieren, ist es entscheidend, die damit verbundenen Herausforderungen und ethischen Fragen sorgfältig zu navigieren, um sicherzustellen, dass die Vorteile von KI zum Wohle aller genutzt werden.

Deep Learning

Deep Learning, eine spezialisierte und fortschrittliche Form des maschinellen Lernens, hat die Art und Weise, wie Maschinen Daten verstehen und interpretieren, revolutioniert. Durch die Verwendung tiefer neuronaler Netze, die aus vielen verarbeitenden Schichten bestehen, kann Deep Learning komplexe Muster in großen Datensätzen erkennen. Diese Fähigkeit, aus Daten zu lernen und zu generalisieren, hat zu Durchbrüchen in vielen Bereichen geführt und Anwendungen ermöglicht, die noch vor wenigen Jahren als futuristisch galten.

- Bilderkennung: Eines der auffälligsten Beispiele für die Leistungsfähigkeit von Deep Learning ist die Bilderkennung. Moderne KI-Systeme können Bilder mit einer Genauigkeit analysieren, die oft mit der menschlichen Wahrnehmung vergleichbar ist. Dies wird in einer Vielzahl von Anwendungen genutzt, von der automatischen Tagging-Funktion in sozialen Medien über die Diagnoseunterstützung in der medizinischen Bildgebung bis hin zur Objekterkennung in autonomen Fahrzeugen.
- Spracherkennung und -verarbeitung: Deep Learning hat auch erhebliche Fortschritte in der Spracherkennung und -verarbeitung ermöglicht. Sprachassistenten wie Siri, Google Assistant und Alexa basieren auf Deep-Learning-Modellen, die es ihnen ermöglichen, gesprochene Anfragen zu verstehen und in natürlicher Sprache zu

antworten. Diese Technologie unterstützt auch die Entwicklung von Echtzeit-Übersetzungssystemen und verbesserten Kommunikationshilfen für Menschen mit Sprachbehinderungen.

- Natürliche Sprachverarbeitung (NLP): Jenseits der reinen Spracherkennung hat Deep Learning die Fähigkeit von Computern, die Bedeutung von Text zu erfassen und darauf zu reagieren, dramatisch verbessert. Von Chatbots, die realistische Konversationen führen können, bis hin zu Systemen, die komplexe Dokumente analysieren und Zusammenfassungen erstellen, hat NLP die Interaktion zwischen Mensch und Maschine verändert.
- Verstärktes Lernen und Entscheidungsfindung: Deep Learning treibt auch Entwicklungen im Bereich des verstärkten Lernens voran, bei dem KI-Systeme durch Belohnungen aus ihrer Umgebung lernen und ihre Strategien zur Zielerreichung optimieren. Dies hat zu beeindruckenden Demonstrationen geführt, etwa in Spielen wie Go und Schach, wo KI-Systeme menschliche Champions besiegt haben, aber auch praktische Anwendungen in der Robotik und automatisierten Systemsteuerung finden.

Trotz dieser beeindruckenden Fortschritte bringt Deep Learning auch Herausforderungen mit sich. Die Technologie erfordert große Mengen an Trainingsdaten und erhebliche Rechenleistung, was Fragen der Nachhaltigkeit und des Zugangs aufwirft. Darüber hinaus können Deep-Learning-Modelle, wenn sie mit verzerrten Daten trainiert werden, diese Verzerrungen in ihren Vorhersagen und Entscheidungen reproduzieren, was die Notwendigkeit einer sorgfältigen Überprüfung und Anpassung der Trainingsdaten unterstreicht.

Software-Tools und -Bibliotheken

Die Entwicklung und der rasante Fortschritt in der Künstlichen Intelligenz sind eng mit dem Aufkommen und der Weiterentwicklung spezialisierter Software-Tools und Bibliotheken verknüpft. Diese Werkzeuge stellen das Rückgrat moderner KI-Forschung und -Anwendung dar, indem sie komplexe Algorithmen und Datenstrukturen bereitstellen, die für maschinelles Lernen und Deep Learning erforderlich sind. Zu den prominentesten gehören TensorFlow, PyTorch und Keras, die jeweils eigene Stärken und Gemeinschaften haben.

- TensorFlow, entwickelt von Google, ist eine der weitverbreitetsten Bibliotheken für maschinelles Lernen. Sie bietet eine umfassende und flexible Plattform für das Design, Training und die Bereitstellung von KI-Modellen und wird sowohl in der Forschung als auch in der Industrie für eine Vielzahl von Anwendungen genutzt. TensorFlow zeichnet sich durch seine Skalierbarkeit aus, die es ermöglicht, Modelle von einzelnen CPUs bis hin zu großen Clustern von GPUs und TPUs effizient zu trainieren.

- PyTorch, ursprünglich von Facebook entwickelt, hat sich aufgrund seiner Benutzerfreundlichkeit und Flexibilität, insbesondere bei der Entwicklung von Deep-Learning-Modellen, eine starke Anhängerschaft erarbeitet. PyTorch bietet ein dynamisches Berechnungsgraphensystem, das Entwicklern erlaubt, Änderungen an der Architektur und den Algorithmen in Echtzeit vorzunehmen, was das Experimentieren und die Prototypentwicklung erleichtert.
- Keras ist eine weitere beliebte High-Level-Neural-Networks-API, die ursprünglich als unabhängiges Projekt gestartet wurde und jetzt eng mit TensorFlow integriert ist. Keras zeichnet sich durch seine Einfachheit und Benutzerfreundlichkeit aus, was es insbesondere für Einsteiger im Bereich des maschinellen Lernens attraktiv macht. Es ermöglicht schnelles und einfaches Prototyping und unterstützt sowohl konvolutionelle Netzwerke als auch rekurrente Netzwerke.

Diese Tools und Bibliotheken sind ständig in Entwicklung, mit dem Ziel, die Effizienz zu steigern, den Zugang zu erleichtern und die Erstellung komplexerer und leistungsfähigerer KI-Systeme zu ermöglichen. Die Gemeinschaften hinter diesen Projekten spielen eine entscheidende Rolle, indem sie fortlaufend Beiträge leisten, von der Behebung von Bugs bis hin zur Entwicklung neuer Funktionen und Verbesserungen. Dieser kollektive Ansatz trägt dazu bei, dass die Werkzeuge mit den schnell fortschreitenden Anforderungen der KI-Forschung und -Anwendung Schritt halten können.

Darüber hinaus haben die Verfügbarkeit umfangreicher Datensätze und die Verbesserung der Hardwarekapazitäten, insbesondere die Verfügbarkeit leistungsstarker GPUs, die Entwicklung und das Training anspruchsvoller KI-Modelle weiter beschleunigt. Die Kombination aus fortschrittlichen Software-Tools, umfangreichen Daten und leistungsfähiger Hardware bildet das Fundament für die aktuellen und zukünftigen Erfolge im Bereich der Künstlichen Intelligenz. Die Zugänglichkeit dieser Ressourcen demokratisiert die KI-Forschung und -Entwicklung zunehmend, was die Tür für Innovationen auf breiter Basis öffnet und das Potenzial hat, nahezu jeden Aspekt der Gesellschaft zu transformieren.

Die Dynamik in der Software-Entwicklung für KI spiegelt den rasanten Fortschritt und die breiten Anwendungsmöglichkeiten der Künstlichen Intelligenz wider. Mit jedem Fortschritt in der Softwaretechnologie erweitern sich die Grenzen dessen, was mit KI möglich ist, und eröffnen neue Wege, komplexe Probleme zu lösen und innovative Lösungen in verschiedenen Bereichen zu entwickeln.

Hardware

Die Hardware spielt eine ebenso entscheidende Rolle in der Evolution und Anwendung der Künstlichen Intelligenz wie die Software.

Die spezifischen Anforderungen der KI-Modelle an Rechenleistung und Speicher haben zur Entwicklung spezialisierter Hardware geführt, die darauf ausgerichtet ist, die Effizienz und Effektivität von KI-Anwendungen zu maximieren.

GPUs und deren Rolle in der KI

Grafikprozessoren (GPUs) waren eine der ersten Hardware-Innovationen, die die KI-Forschung und -Entwicklung beschleunigten.

Ursprünglich für die Verarbeitung von Grafikanwendungen konzipiert, stellte sich heraus, dass GPUs auch sehr effizient parallele Berechnungen durchführen können, was sie ideal für das Training von KI-Modellen macht. Durch ihre Fähigkeit, Tausende von Threads gleichzeitig zu verarbeiten, können GPUs komplexe mathematische Berechnungen, die für das Training von neuronalen Netzen erforderlich sind, wesentlich schneller durchführen als herkömmliche CPUs.

TPUs und ihre Spezialisierung auf KI

Tensor Processing Units (TPUs) sind eine weitere bedeutende Innovation in der KI-Hardware. Von Google speziell für Deep-Learning-Aufgaben entwickelt, sind TPUs darauf optimiert, die spezifischen Berechnungen, die in neuronalen Netzen verwendet werden, effizient zu verarbeiten. TPUs bieten eine noch höhere Effizienz beim Training und bei der Inferenz von KI-Modellen, insbesondere für Anwendungen, die eine hohe Rechenleistung erfordern, wie Sprach- und Bilderkennung.

FPGAs und ihre Flexibilität

Field-Programmable Gate Arrays (FPGAs) bieten eine flexible Hardware-Lösung, die für spezifische Anwendungen programmiert werden kann, einschließlich KI. Ihre Rekonfigurierbarkeit macht FPGAs besonders wertvoll für maßgeschneiderte KI-Anwendungen und für Situationen, in denen die Hardware an neue Algorithmen oder Modelle angepasst werden muss. Obwohl sie nicht immer die gleiche Rohleistung wie GPUs oder TPUs bieten, ermöglicht ihre Anpassungsfähigkeit den Einsatz in vielfältigen und sich schnell entwickelnden KI-Anwendungen.

Bedeutung der Hardware-Entwicklung

Die Entwicklung von KI-spezifischer Hardware ist entscheidend, um die Grenzen dessen zu erweitern, was mit KI möglich ist. Mit jeder Generation von Hardware verbessern sich die Geschwindigkeit, die Energieeffizienz und die Kapazität, komplexe KI-Modelle zu trainieren und auszuführen. Diese Fortschritte ermöglichen es Forschern und Entwicklern, innovativere und leistungsfähigere KI-Anwendungen zu erstellen, die zuvor aufgrund von Hardware-Beschränkungen nicht möglich waren.

In Zukunft wird die Hardware-Entwicklung weiterhin eine Schlüsselrolle spielen, indem sie die Grundlage für die nächste Generation von KI-Systemen bildet. Die Forschung konzentriert sich nicht nur auf die Steigerung der Rechenleistung, sondern auch auf die Reduzierung des Energieverbrauchs und die Minimierung der Latenz, um die Effizienz und Zugänglichkeit von KI-Technologien für ein breiteres Spektrum von Anwendungen und Nutzern zu erhöhen.

Zusammenspiel von Software und Hardware

Die Symbiose zwischen Software und Hardware ist das Fundament, auf dem der Fortschritt der Künstlichen Intelligenz ruht. Diese dynamische Interaktion bestimmt nicht nur die Grenzen dessen, was aktuell möglich ist, sondern treibt auch Innovationen und Durchbrüche in der KI-Forschung und -Anwendung voran.

Von der Software getriebene Hardware-Innovation

Die Entwicklungen in der KI-Software, wie fortschrittliche Algorithmen und Modelle des maschinellen Lernens, stellen kontinuierlich neue Anforderungen an die Rechenleistung und Effizienz. Beispielsweise erfordern Deep-Learning-Modelle, insbesondere solche, die auf sehr großen Datensätzen trainiert werden, enorme Mengen an Rechenleistung und Speicher. Die Grenzen der vorhandenen Hardware stellen somit eine direkte Herausforderung für die Realisierung und Skalierung solcher Modelle dar. Dies wiederum stimuliert die Entwicklung neuer Hardware-Lösungen, die speziell für die Anforderungen von KI-Software konzipiert sind, wie etwa GPUs, TPUs und FPGAs, die effizientere Berechnungen ermöglichen und somit die Durchführung komplexerer KI-Projekte praktikabel machen.

Hardware-Innovationen inspirieren Software-Entwicklung

Auf der anderen Seite eröffnen Fortschritte in der Hardware neue Möglichkeiten für die Software-Entwicklung. Durch die Erhöhung der verfügbaren Rechenleistung und Effizienz können Software-Entwickler komplexere Modelle und Algorithmen entwerfen, die zuvor nicht realisierbar waren. Dies führt zu qualitativen Sprüngen in der Leistungsfähigkeit von KI-Anwendungen, beispielsweise in der Genauigkeit von Sprach- und Bilderkennungssystemen. Die Verfügbarkeit leistungsfähigerer und spezialisierter Hardware ermutigt Forscher auch dazu, innovative Ansätze in der KI-Forschung zu verfolgen, die über traditionelle Methoden hinausgehen.

Die Notwendigkeit der Abstimmung

Die optimale Abstimmung zwischen Software und Hardware ist entscheidend, um die Effizienz und Leistung von KI-Systemen zu maximieren.

Entwickler müssen nicht nur die spezifischen Fähigkeiten und Einschränkungen der verfügbaren Hardware berücksichtigen, sondern auch die Art und Weise, wie ihre Software-Designs diese nutzen. Umgekehrt müssen Hardware-Ingenieure verstehen, welche Anforderungen aktuelle und zukünftige KI-Modelle an die Rechenarchitektur stellen, um Geräte zu entwerfen, die diese Bedürfnisse effektiv erfüllen.

Zukunftsorientierte Entwicklung

Die fortlaufende Evolution sowohl der KI-Software als auch der Hardware erfordert eine vorausschauende Planung und Zusammenarbeit zwischen den Bereichen. Forschungs- und Entwicklungsanstrengungen müssen nicht nur die aktuellen Anforderungen berücksichtigen, sondern auch antizipieren, wie sich KI-Technologien entwickeln könnten. Dies umfasst die Arbeit an neuen Architekturen, die eine noch größere Rechenleistung und Effizienz bieten, sowie die Entwicklung von Software-Frameworks, die diese Fortschritte voll ausschöpfen können.

Insgesamt ist die Wechselwirkung zwischen KI-Software und Hardware ein zentraler Treiber für den Fortschritt in der Künstlichen Intelligenz. Die Fähigkeit, diese beiden Komponenten harmonisch zu integrieren und kontinuierlich weiterzuentwickeln, wird auch weiterhin entscheidend sein, um die Grenzen des Möglichen in der KI zu erweitern und innovative Lösungen für komplexe Herausforderungen zu finden.

In der Praxis bedeutet dies, dass die Fortschritte in der KI nicht isoliert durch Software oder Hardware allein erzielt werden. Vielmehr ist es eine synergetische Entwicklung, bei der Verbesserungen in der Software-Technologie die Anforderungen an die Hardware definieren und Innovationen in der Hardware neue Möglichkeiten für die Software-Forschung und -Anwendung eröffnen.

Die Rolle moderner Chips in der Entwicklung von KI

Moderne Chips spielen eine zentrale Rolle in der Entwicklung und dem Einsatz von Künstlicher Intelligenz. Diese spezialisierten Prozessoren, darunter Grafikprozessoren (GPUs), Tensor Processing Units (TPUs) und Field-Programmable Gate Arrays (FPGAs), sind entscheidend für die Fortschritte in der KI, indem sie die notwendige Rechenleistung und Effizienz bereitstellen, um komplexe Algorithmen und Modelle zu trainieren und auszuführen. Die Rolle dieser modernen Chips lässt sich in mehreren Schlüsselbereichen konkretisieren:

Beschleunigung des Trainings von KI-Modellen

Das Training von KI-Modellen, insbesondere von Deep-Learning-Modellen, stellt tatsächlich immense Anforderungen an die Rechenleistung, da es um die Optimierung von Millionen oder sogar Milliarden von Parametern geht. Diese Herausforderung hat zur Entwicklung und zum Einsatz spezialisierter Hardware geführt, die in der Lage ist, die erforderlichen massiven parallelen Berechnungen effizient durchzuführen. GPUs (Graphics Processing Units) und TPUs (Tensor Processing Units) sind Beispiele für solche spezialisierten Chips, die eine entscheidende Rolle bei der Beschleunigung des Trainingsprozesses spielen.

GPUs wurden ursprünglich für Grafik- und Videobearbeitungsaufgaben entwickelt, aber ihre Fähigkeit, parallele Berechnungen durchzuführen, macht sie ideal für das Training von KI-Modellen. Im Vergleich zu CPUs, die eine begrenzte Anzahl von Kernen haben und Aufgaben sequenziell abarbeiten, verfügen GPUs über Hunderte oder Tausende von kleineren Kernen, die es ermöglichen, viele Berechnungen gleichzeitig durchzuführen. Diese Eigenschaft ist besonders vorteilhaft für das Training von Deep-Learning-Modellen, bei denen gleichzeitig eine große Anzahl von Operationen auf den Daten ausgeführt werden muss.

TPUs, entwickelt von Google, sind noch spezifischer auf KI-Aufgaben ausgerichtet. Sie sind speziell dafür optimiert, die für Deep Learning typischen Tensor-Operationen mit hoher Effizienz auszuführen. TPUs bieten eine noch höhere Spezialisierung als GPUs und sind in der Lage, das Training und die Inferenz von KI-Modellen mit einer beeindruckenden Geschwindigkeit und Energieeffizienz durchzuführen. Durch ihre Architektur können TPUs große Mengen von Matrixmultiplikationen und anderen Tensor-Operationen, die im Deep Learning üblich sind, sehr effizient verarbeiten.

Der Einsatz von GPUs und TPUs hat die Durchführbarkeit und Geschwindigkeit des Trainings von KI-Modellen dramatisch verbessert. Während das Training komplexer Modelle auf CPUs Tage oder sogar Wochen dauern kann, ermöglichen GPUs und TPUs eine erhebliche Beschleunigung dieses Prozesses, oft auf Stunden oder

Tage. Diese Beschleunigung ist entscheidend für die Forschung und Entwicklung in der KI, da sie es ermöglicht, Experimente schneller durchzuführen, Modelle iterativ zu verbessern und neue Architekturen und Algorithmen in einem Bruchteil der Zeit zu erforschen, die früher erforderlich war.

Darüber hinaus hat die Verfügbarkeit dieser leistungsfähigen Rechenressourcen die Zugänglichkeit und Demokratisierung der KI-Forschung vorangetrieben. Cloudbasierte Dienste bieten Zugang zu GPUs und TPUs für Forscher und Entwickler auf der ganzen Welt, was die Barrieren für den Einstieg in die KI-Forschung senkt und eine breitere Beteiligung und Innovation fördert.

Ermöglichung komplexerer Modelle

Die durch moderne Chips wie GPUs und TPUs bereitgestellte erhöhte Rechenleistung hat eine transformative Wirkung auf das Feld der Künstlichen Intelligenz.

Diese spezialisierten Prozessoren ermöglichen die Entwicklung komplexerer und tieferer KI-Modelle, die in der Lage sind, feinere Muster in Daten zu erkennen und präzisere Vorhersagen oder Analysen durchzuführen. Die Bedeutung dieser technologischen Fortschritte lässt sich besonders gut an den Durchbrüchen in Bereichen wie der Sprachverarbeitung und der Bilderkennung ablesen.

Die Entstehung von hochentwickelten Sprachmodellen, die menschenähnliche Texte generieren, komplexe

Fragen beantworten und in natürlicher Sprache kommunizieren können, basiert auf der Fähigkeit, riesige Datensätze zu verarbeiten und aus ihnen zu lernen. Dies wäre ohne die parallele Verarbeitungskapazität und Geschwindigkeit, die moderne Chips bieten, nicht machbar. Ebenso haben in der Bilderkennung Deep-Learning-Modelle die Genauigkeit und Fähigkeit, Bilder zu interpretieren, erheblich verbessert, was von der medizinischen Diagnostik bis zur autonomen Fahrzeugnavigation reicht. Die dahinterstehende Rechenleistung macht es möglich, Millionen von Bildern schnell zu analysieren, um Modelle zu trainieren, die dann in der Lage sind, komplexe visuelle Aufgaben zu bewältigen.

Während die Leistung moderner Chips viele der heutigen Durchbrüche in der KI ermöglicht hat, geht damit auch die Notwendigkeit einher, effizientere Algorithmen zu entwickeln und den Energieverbrauch zu minimieren. Die Balance zwischen der Rechenleistung, die für fortschrittliche KI-Modelle benötigt wird, und der Nachhaltigkeit dieser Prozesse ist eine fortlaufende Herausforderung.

Die Zukunft der KI wird stark von weiteren Verbesserungen in der Hardwaretechnologie abhängen. Die Forschung an neuen Chiparchitekturen und energiesparenden Technologien ist entscheidend, um die nächste Welle von KI-Innovationen zu ermöglichen, während gleichzeitig die Umweltauswirkungen minimiert werden. Die Zusammenarbeit zwischen den Bereichen der Hardwareentwicklung und der KI-Forschung bleibt ein zentraler Treiber für den Fortschritt, der das Potenzial hat, nahezu jeden Aspekt unseres Lebens zu verändern.

Verbesserung der Effizienz und Verringerung der Kosten

Moderne Chips, oft als KI-Beschleuniger bezeichnet, sind speziell dafür konzipiert, die umfangreichen und komplexen Berechnungen, die für das Training und den Betrieb von KI-Modellen erforderlich sind, effizienter zu gestalten. Die Optimierung auf diese spezifischen Aufgaben ermöglicht eine nachhaltige Steigerung der Geschwindigkeit des KI-Trainings und der Inferenzprozesse, was wiederum die Entwicklungszyklen von KI-basierten Lösungen verkürzt.

Ein zentrales Merkmal dieser Chips ist ihre Fähigkeit, Energie zu sparen. Indem sie Berechnungen schneller und mit geringerem Energieaufwand durchführen, tragen sie zur Senkung der Betriebskosten von KI-Systemen bei. Dieser Effizienzgewinn ist besonders wichtig, da das Training von KI-Modellen, insbesondere von tiefen neuronalen Netzwerken, enorm rechenintensiv ist und erhebliche Mengen an elektrischer Energie verbrauchen kann. Durch die Reduzierung des Energiebedarfs werden KI-Technologien nicht nur umweltfreundlicher, sondern auch wirtschaftlich attraktiver.

Darüber hinaus haben die Fortschritte in der Chip-Technologie einen demokratisierenden Effekt auf die KI-Forschung und -Entwicklung. Indem sie die Kosten für das Training und den Betrieb von KI-Systemen senken, öffnen sie die Tür für eine breite Palette von Akteuren. Forschungseinrichtungen, Unternehmen und Entwickler mit unterschiedlichen Budgets erhalten so die Möglichkeit, auf hochwertige KI-Technologien zuzugreifen und diese zu nutzen. Dies ist ein wichtiger Schritt, um die Innovationskraft zu steigern und die Anwendung von KI in verschiedenen Bereichen zu fördern.

Ein weiterer Aspekt, der durch die spezialisierten Chips unterstützt wird, ist die Möglichkeit, maßgeschneiderte Lösungen zu entwickeln. Durch die Anpassung der Hardware an spezifische KI-Aufgaben können Entwickler und Forscher KI-Modelle erstellen, die auf die einzigartigen Anforderungen ihrer Projekte oder Produkte zugeschnitten sind. Dies führt zu einer verbesserten Leistung und Effizienz, die mit allgemeineren Computing-Ressourcen möglicherweise nicht erreichbar wäre.

Förderung von Echtzeitanwendungen

Die Fähigkeit, Entscheidungen in Echtzeit zu treffen, ist ein zentraler Aspekt vieler moderner KI-Anwendungen und treibt die Notwendigkeit für spezialisierte Hardware voran.

In Bereichen wie autonomen Fahrzeugen, Echtzeit-Sprachübersetzung und interaktiven KI-Systemen ist die schnelle Verarbeitung und Analyse von Daten nicht nur wünschenswert, sondern absolut kritisch für die Funktionalität und Sicherheit der Technologie. Die Entwicklung moderner Chips, die auf diese Anforderungen zugeschnitten sind, spielt daher eine Schlüsselrolle in der Realisierung solcher fortschrittlichen KI-Anwendungen.

Autonome Fahrzeuge zum Beispiel müssen ihre Umgebung in Millisekunden interpretieren können, um Entscheidungen über Navigation, Geschwindigkeitsanpassungen und Ausweichmanöver zu treffen. Die Komplexität der dabei zu verarbeitenden Daten, von Kamerabildern über Radar- bis hin zu Lidar-Signalen, erfordert enorme Rechenleistung. Moderne Chips ermöglichen es, diese Daten in Echtzeit zu analysieren und umzusetzen, indem sie speziell für die parallele Verarbeitung großer Datenmengen optimiert sind. Diese Fähigkeit ist entscheidend, um die Sicherheit und Effizienz autonomer Fahrzeuge zu gewährleisten.

In der Echtzeit-Sprachübersetzung ermöglichen moderne Chips eine nahezu verzögerungsfreie Übersetzung gesprochener Sprache in eine andere Sprache. Dies erfordert nicht nur die schnelle Verarbeitung akustischer Signale, sondern auch deren Analyse mit komplexen Sprachmodellen, um den Kontext und die Bedeutung korrekt zu erfassen. Die Effizienz moderner Chips in der Verarbeitung dieser Aufgaben ermöglicht es, Sprachbarrieren in Echtzeit zu überwinden, was die Kommunikation in einer globalisierten Welt vereinfacht.

Interaktive KI-Systeme, wie sie in virtuellen Assistenten oder interaktiven Unterhaltungserlebnissen zum Einsatz kommen, profitieren ebenfalls von der schnellen Datenverarbeitung. Die Fähigkeit, Nutzereingaben sofort zu verarbeiten und darauf zu reagieren, macht die Interaktion mit solchen Systemen natürlich und intuitiv. Moderne Chips tragen dazu bei, dass diese Systeme nicht nur schnell, sondern auch in der Lage sind, komplexe Sprachmodelle oder Verhaltensmuster in Echtzeit zu nutzen, um relevante und kontextbezogene Antworten zu generieren.

Die spezialisierten Chips sind daher mehr als nur eine technische Errungenschaft; sie sind Enabler für eine Vielzahl von Anwendungen, die unser Leben sicherer, einfacher und vernetzter machen. Durch ihre Fähigkeit, Daten effizient in Echtzeit zu verarbeiten, sind sie unverzichtbar für die Implementierung und den reibungslosen Betrieb von Technologien, die auf schnelle Entscheidungsfindung angewiesen sind. Diese Chips sind ein wesentlicher Baustein in der Infrastruktur moderner KI-Anwendungen, ermöglichen innovative Lösungen und treiben den technologischen Fortschritt voran.

Anpassung an spezifische Anforderungen

Die Flexibilität und Anpassungsfähigkeit von modernen Chips wie Field-Programmable Gate Arrays (FPGAs) repräsentieren einen deutlichen Fortschritt in der Welt der Hardware, insbesondere im Kontext von KI-Anwendungen. FPGAs sind so konzipiert, dass sie nach der Herstellung vom Endbenutzer oder Entwickler für spezifische Anwendungen oder Aufgaben programmiert werden können. Diese Eigenschaft unterscheidet sie von herkömmlichen Prozessoren und spezialisierten KI-

Chips, die eine festgelegte Architektur und Funktionalität aufweisen. Die Möglichkeit, die Hardware an spezifische Bedürfnisse anzupassen, macht FPGAs zu einem mächtigen Werkzeug für die Entwicklung und Implementierung von KI-Anwendungen.

Ein zentraler Vorteil von FPGAs liegt in ihrer Fähigkeit, für eine Vielzahl von KI-Aufgaben optimiert zu werden, einschließlich, aber nicht beschränkt auf Bild- und Sprachverarbeitung, Mustererkennung und Datenanalyse. Im Gegensatz zu herkömmlichen CPUs (Central Processing Units) und GPUs (Graphics Processing Units), die auf breitere Anwendungsbereiche ausgerichtet sind, können FPGAs so konfiguriert werden, dass sie die spezifischen Berechnungsmuster und -effizienzen, die für eine bestimmte KI-Anwendung erforderlich sind, optimal unterstützen. Dies kann zu einer deutlich höheren Leistungsfähigkeit und Energieeffizienz führen, insbesondere in Szenarien, wo Echtzeitverarbeitung und schnelle Datenanalysen entscheidend sind.

Die Konfigurierbarkeit von FPGAs bietet auch eine bemerkenswerte Flexibilität in Bezug auf die Aktualisierung und Anpassung von KI-Systemen. Entwickler können die Logik der FPGA-Chips ändern, um neue Algorithmen zu implementieren oder die Leistung bestehender Anwendungen zu optimieren, ohne die physische Hardware austauschen zu müssen. Diese Anpassungsfähigkeit ist besonders wertvoll in einem Feld, das sich so schnell entwickelt wie die KI, da sie es ermöglicht, mit neuen Forschungsergebnissen oder Anforderungen

Schritt zu halten, ohne erhebliche Investitionen in neue Hardware tätigen zu müssen.

Darüber hinaus bieten FPGAs eine Lösung für die Implementierung von KI-Anwendungen in Umgebungen, in denen die Leistungsaufnahme ein kritischer Faktor ist. Durch die Optimierung der Hardware für spezifische Aufgaben können FPGAs effizienter betrieben werden als allgemeine Prozessoren, was sie ideal für den Einsatz in mobilen Geräten, eingebetteten Systemen und anderen Szenarien macht, wo Energieeffizienz von größter Bedeutung ist.

Zukunft der KI-Chips

Die kontinuierliche Entwicklung und Innovation im Bereich der KI-Chips sind fundamentale Triebkräfte, die die Zukunft der Künstlichen Intelligenz gestalten.

Diese Dynamik ist von zentraler Bedeutung, da die Anforderungen an KI-Systeme sowohl in Bezug auf die Rechenleistung als auch auf die Effizienz stetig zunehmen. Forschungsgruppen und Unternehmen weltweit sind in ein fortwährendes Rennen eingebunden, um die nächste Generation von Prozessoren zu entwickeln, die die Leistungsgrenzen bestehender Technologien übertreffen. Ziel ist es, Chips zu schaffen, die schneller, energieeffizienter sind und spezialisierte Funktionen für neuartige KI-Anwendungen bieten. Diese Bemühungen sind nicht nur technologische Herausforderungen, sondern auch essenziell, um die Potenziale der KI voll auszuschöpfen und neue Anwendungsfelder zu erschließen.

Ein Hauptfokus liegt auf der Beschleunigung von KI-Berechnungen. Da KI-Modelle, insbesondere im Bereich des maschinellen Lernens und der tiefen neuronalen Netze, zunehmend komplexer werden, benötigen sie erhebliche Rechenleistungen. Die Entwicklung von Chips, die diese Berechnungen schneller durchführen können, ist entscheidend, um Trainingszeiten zu verkürzen und Echtzeit-Inferenz zu ermöglichen. Dies hat direkte Auswirkungen auf die Effizienz und Anwendbarkeit von KI in der realen Welt, von der Verarbeitung natürlicher Sprache bis hin zur visuellen Erkennung.

Energieeffizienz ist ein weiterer kritischer Bereich. Da KI-Anwendungen zunehmend in mobilen Geräten und am Edge (also direkt an der Datenquelle) eingesetzt werden, ist es wichtig, den Energieverbrauch zu minimieren, um die Akkulaufzeit zu verlängern und die Nachhaltigkeit zu verbessern. Fortschritte in der Chip-Technologie, die zu einer höheren Energieeffizienz führen, sind daher von großer Bedeutung. Dies beinhaltet nicht nur die Optimierung der Hardware für spezifische KI-Berechnungen, sondern auch die Entwicklung neuer Architekturen, die Energieverbrauch und Wärmeentwicklung minimieren.

Zusätzlich erfordern aufkommende KI-Anwendungen spezialisierte Funktionen, die von generischen Prozessoren nicht effizient gehandhabt werden können. Dies hat zur Entwicklung von maßgeschneiderten Chips geführt, wie zum Beispiel FPGAs für flexible Konfigurationen oder ASICs (Application-Specific Integrated Circuits) für hochspezialisierte Aufgaben. Diese Spezialisierung ermöglicht es, maßgeschneiderte Lösungen für spezifische Herausforderungen zu entwickeln, von der Verbesserung der Spracherkennung bis zur Beschleunigung der Genomsequenzierung.

Die Auswirkungen dieser technologischen Fortschritte sind weitreichend und erstrecken sich über zahlreiche Felder. In der Wissenschaft ermöglichen leistungsfähigere KI-Chips zum Beispiel die Analyse größerer Datenmengen in kürzerer Zeit, was neue Erkenntnisse in der Forschung beschleunigt. In der Medizin können verbesserte KI-Systeme zur Früherkennung von Krankheiten beitragen, individuellere Behandlungspläne ermöglichen und operative Eingriffe präziser machen. In der Unterhaltungsbranche eröffnen fortschrittliche KI-Chips neue Möglichkeiten für immersive Erlebnisse, von hochrealistischen Spielen bis hin zu personalisierten Inhalten.

Die Zukunft der KI ist daher untrennbar mit der Entwicklung neuer Chip-Technologien verbunden. Diese kontinuierliche Innovation ist der Schlüssel, um die Grenzen dessen, was mit KI machbar ist, immer weiter zu verschieben und neue Anwendungsmöglichkeiten zu eröffnen. Durch die Verbesserung der Leistung, Effizienz und Spezialisierung von KI-Chips wird es möglich, die Herausforderungen von heute zu meistern und die Visionen von morgen zu verwirklichen.

Smartphones als Plattform für KI-Anwendungen

Smartphones haben sich in den letzten Jahren zu einer zentralen Plattform für die Anwendung und Verbreitung von Künstlicher Intelligenz entwickelt.

Diese Geräte sind in unserem Alltag allgegenwärtig geworden und bieten durch ihre fortschrittlichen Fähigkeiten und ihre breite Nutzerbasis eine einzigartige Grundlage für KI-basierte Anwendungen. Die Bedeutung von Smartphones als Plattform für KI lässt sich anhand mehrerer Schlüsselaspekte verdeutlichen.

Ubiquität und Zugänglichkeit

Smartphones sind weltweit verbreitet und bieten somit eine weitreichende Plattform für KI-Anwendungen. Sie ermöglichen es Millionen von Menschen, von den Fortschritten in der KI zu profitieren, unabhängig von ihrem Standort oder Zugang zu traditioneller Computertechnologie. Diese Ubiquität macht Smartphones zu einem leistungsstarken Werkzeug, um KI-Dienste einer breiten Öffentlichkeit zugänglich zu machen.

Leistungsfähige Hardware

Die rasante Entwicklung der Smartphone-Hardware hat zu einer bemerkenswerten Verbesserung der

Fähigkeiten dieser Geräte geführt, insbesondere im Bereich der Künstlichen Intelligenz.

Moderne Smartphones sind mit fortschrittlichen Prozessoren und Grafikeinheiten ausgestattet, die speziell für die effiziente Ausführung von KI-Algorithmen optimiert sind. Diese Hardware-Verbesserungen markieren einen erheblichen Fortschritt in der mobilen Technologie, ermöglichen sie doch die Verarbeitung komplexer KI-basierter Aufgaben direkt auf dem Gerät – ein Konzept, das oft als Edge-Computing bezeichnet wird. Die Unabhängigkeit von Cloud-basierten Servern für bestimmte Aufgaben bringt Vorteile mit sich, einschließlich verbesserter Privatsphäre, geringerer Latenz und reduzierter Abhängigkeit von kontinuierlichen Internetverbindungen.

Funktionen wie Echtzeit-Sprachübersetzung, Bilderkennung und Augmented Reality sind praktische Beispiele für Anwendungen, die erheblich von diesen Entwicklungen profitieren. Durch die Nutzung von KI-Technologien direkt auf dem Gerät können diese Funktionen in Echtzeit und mit beeindruckender Genauigkeit ausgeführt werden, was das Nutzererlebnis erheblich verbessert.

Echtzeit-Sprachübersetzung, beispielsweise, war einst (und ist noch oftmals) eine Aufgabe, die leistungsstarke Server in der Cloud erforderte. Die Optimierung der Smartphone-Hardware für KI-Algorithmen hat es jedoch möglich gemacht, Sprachsignale in Echtzeit zu verarbeiten und zu übersetzen, ohne merkliche

Verzögerungen. Diese Verbesserungen unterstützen nicht nur eine natürlichere Kommunikation über Sprachbarrieren hinweg, sondern machen die Technologie auch in Umgebungen ohne stabile Internetverbindung zugänglich.

Bilderkennung auf Smartphones hat ebenfalls von spezialisierten KI-Chips profitiert. Anwendungen, die Objekte, Gesichter oder sogar Text in Bildern erkennen und interpretieren, laufen jetzt schneller und effizienter, was zahlreiche Anwendungen von der Fotografie bis hin zur Navigation und Sicherheit ermöglicht. Die lokale Verarbeitung dieser Aufgaben reduziert nicht nur die Latenz, sondern verbessert auch die Sicherheit und den Schutz der Privatsphäre, da sensible Daten das Gerät nicht verlassen müssen.

Augmented Reality (AR) ist ein weiteres Feld, das durch die KI-Optimierung in der Smartphone-Hardware einen erheblichen Schub erfahren hat. Hierunter versteht man eine Technologie, die digitale Informationen wie Bilder, Videos und 3D-Modelle in die reale Welt einbettet. Diese digitalen Inhalte werden direkt über das, was wir um uns herum sehen, gelegt, sodass eine erweiterte Realität entsteht, in der virtuelle und physische Objekte koexistieren. AR unterscheidet sich von Virtueller Realität (VR) dadurch, dass sie die reale Welt nicht ersetzt, sondern ergänzt. Nutzer können durch AR die reale Umgebung weiterhin wahrnehmen, angereichert mit zusätzlichen digitalen Elementen.

Diese Technologie wird in Echtzeit und interaktiv umgesetzt, was bedeutet, dass die digitalen Überlagerungen sich dynamisch an Veränderungen in der realen Umgebung oder in der Perspektive des Nutzers anpassen können. Ein klassisches Beispiel hierfür ist das mobile Spiel Pokémon Go, bei dem Spieler virtuelle Kreaturen in ihrer realen Umgebung suchen und einfangen. Doch die Anwendungen von AR sind viel breiter gefächert und reichen von der Bildung, wo sie zum Beispiel dazu genutzt wird, komplexe wissenschaftliche Konzepte zu veranschaulichen, über den Einzelhandel, der Kunden ermöglicht, Produkte virtuell anzuprobieren oder in ihre Wohnräume zu projizieren, bis hin zur Industrie, wo AR für Wartungs- und Reparaturanleitungen eingesetzt wird.

Die Interaktion mit AR erfolgt typischerweise über Geräte, die über eine Kamera und ein Display verfügen, wie Smartphones, Tablets oder spezialisierte AR-Brillen. Die Kamera des Geräts fängt die reale Welt ein, während die AR-Software die digitalen Inhalte basierend auf der Bildanalyse und der Geräteorientierung überlagert. Die fortschreitende Entwicklung von Smartphone-Hardware, insbesondere leistungsfähigere Prozessoren und verbesserte Sensoren, hat dazu beigetragen, AR einem breiteren Publikum zugänglich zu machen und die Technologie in eine Vielzahl von Alltagsanwendungen zu integrieren.

AR-Anwendungen verlangen die schnelle Analyse und Interpretation der realen Welt, um digitale

Informationen oder Objekte nahtlos einzublenden. Die Leistungsfähigkeit moderner Smartphone-Chips ermöglicht es, diese komplexen Berechnungen in Echtzeit durchzuführen, was zu flüssigeren und immersiveren AR-Erlebnissen führt.

Sensoren und Datensammlung

Smartphones sind mit einer Vielzahl von Sensoren ausgestattet, darunter Kameras, Mikrofone, Gyroskope und GPS. Diese Sensoren sammeln kontinuierlich Daten, die für KI-Anwendungen genutzt werden können, um personalisierte und kontextbezogene Dienste anzubieten. Beispielsweise können KI-Algorithmen die von den Sensoren gesammelten Informationen nutzen, um das Nutzerverhalten zu verstehen, personalisierte Empfehlungen zu geben oder die Umgebung des Benutzers zu interpretieren.

Verbesserung der Nutzererfahrung

Künstliche Intelligenz hat sich zu einem integralen Bestandteil moderner Smartphones entwickelt und trägt erheblich zur Verbesserung der Nutzererfahrung bei.

Durch die Integration von KI-Technologien in Smartphones können diese Geräte nun eine Vielzahl von Aufgaben intelligenter, effizienter und benutzerfreundlicher ausführen. KI ermöglicht es Smartphones, aus den Interaktionen mit dem Nutzer zu lernen, sich anzupassen und vorherzusagen, was der Nutzer als Nächstes benötigen könnte, was zu einer personalisierten und intuitiven Benutzererfahrung führt.

Eines der auffälligsten Beispiele für den Einsatz von KI auf Smartphones sind die intelligenten persönlichen Assistenten. Diese Assistenten, wie Siri, Google Assistant oder Bixby, nutzen fortschrittliche Sprachverarbeitungstechnologien, um natürliche Sprache zu verstehen und auf Sprachbefehle zu reagieren. Sie können Fragen beantworten, Erinnerungen setzen, das Smart Home steuern und sogar komplexere Aufgaben wie das Buchen von Reservierungen übernehmen. Diese Assistenten lernen kontinuierlich dazu und verbessern sich mit jeder Interaktion, um noch relevantere und personalisierte Antworten zu liefern.

Im Bereich der Fotografie hat die Integration von KI ebenfalls revolutionäre Verbesserungen mit sich gebracht. Moderne Smartphones verwenden KI-basierte Bilderkennungstechnologien, um Szenen und Objekte in Fotos zu identifizieren und die Kameraeinstellungen automatisch anzupassen, um die bestmöglichen Aufnahmen zu erzielen. Diese Technologie kann auch zur Verbesserung von Bildern nach der Aufnahme eingesetzt werden, beispielsweise durch das Entfernen von Unschärfen, das Anpassen der Belichtung oder das Hinzufügen von Bokeh-Effekten für Porträtaufnahmen. Darüber hinaus ermöglichen KI-Algorithmen innovative Funktionen wie die Erkennung von Gesichtern und Lächeln, um den perfekten Moment für ein Foto automatisch festzuhalten.

Ein weiterer Bereich, in dem KI die Nutzung von Smartphones transformiert, ist das Batteriemanagement. Durch das Lernen der Nutzungsmuster des Benutzers kann KI adaptive Batteriemanagementsysteme steuern, die die Energieeffizienz optimieren. Diese Systeme passen die Leistung des Geräts und den Energieverbrauch der Apps intelligent an, um die Akkulaufzeit zu maximieren. Sie können beispielsweise erkennen, wann bestimmte Apps typischerweise verwendet werden und die Ressourcenzuweisung entsprechend anpassen oder unnötige Hintergrundaktivitäten reduzieren, wenn das Telefon selten genutzt wird.

Diese Beispiele verdeutlichen, wie KI die Interaktion mit Smartphones grundlegend verbessert hat. Indem sie aus dem Verhalten der Nutzer lernen und sich an deren Vorlieben anpassen, bieten KI-Technologien eine personalisierte Erfahrung, die weit über die Möglichkeiten herkömmlicher, nicht lernfähiger Systeme hinausgeht. Die fortschreitende Integration von KI in Smartphones verspricht, die Art und Weise, wie wir mit unseren Geräten interagieren, weiter zu verfeinern und zu bereichern, indem sie noch intelligenter, nützlicher und intuitiver werden.

Entwicklungs- und Innovationsförderung

Die rasante Verbreitung von Smartphones und die fortschreitende Integration von Künstlicher Intelligenz (KI) in diese Geräte haben ein fruchtbares Ökosystem für

Entwickler und Unternehmen geschaffen, das Innovationen in einem bisher unerreichten Ausmaß fördert.

Dieses dynamische Umfeld hat den App-Markt transformiert und zu einem großen Wachstum von KI-basierten Anwendungen geführt, die maßgeschneiderte Dienstleistungen in einer Vielzahl von Bereichen anbieten. Die einzigartige Kombination aus allgegenwärtiger Smartphone-Nutzung und fortschrittlichen KI-Technologien eröffnet neue Möglichkeiten für die Entwicklung und Bereitstellung von Anwendungen, die das tägliche Leben vereinfachen, bereichern und verbessern.

Im Gesundheitswesen beispielsweise ermöglichen KI-basierte Apps Benutzern, ihre Gesundheit besser zu überwachen und zu verwalten. Von Anwendungen, die Hauterkrankungen durch Bildanalyse erkennen, bis hin zu solchen, die mittels Datenanalyse personalisierte Fitness- und Ernährungspläne erstellen, verändert KI die Art und Weise, wie wir über Gesundheit und Wellness denken und handeln. Diese Technologien können auch zur Unterstützung der Fernüberwachung von Patienten und zur Vorhersage von Gesundheitsrisiken eingesetzt werden, was insbesondere in ländlichen oder unterversorgten Gebieten von großem Wert ist.

Im Bildungsbereich bieten KI-basierte Apps personalisierte Lernerfahrungen, indem sie den Fortschritt und die Präferenzen der Lernenden analysieren und daraufhin maßgeschneiderte Inhalte und Übungen bereitstellen. Dies reicht von Sprachlernanwendungen, die individuelles Feedback geben, bis hin zu Plattformen, die komplexe wissenschaftliche Konzepte durch interaktive Simulationen vermitteln. Die Fähigkeit, Lerninhalte auf die Bedürfnisse jedes Einzelnen zuzuschneiden, hat das Potenzial, die Bildung zugänglicher und effektiver zu machen.

Im Finanzsektor revolutionieren KI-basierte Apps die Art und Weise, wie wir über Geldmanagement und Investitionen denken. Anwendungen, die das Nutzerverhalten analysieren, um personalisierte Spartipps zu geben, oder solche, die komplexe Marktanalysen durchführen, um Investitionsempfehlungen auszusprechen, werden immer beliebter. Diese Technologien tragen dazu bei, Finanzdienstleistungen demokratischer zu machen, indem sie professionelle Beratung und fortschrittliche Analysetools einer breiteren Bevölkerungsschicht zugänglich machen.

Auch im Unterhaltungsbereich sorgen KI-basierte Apps für Innovation. Von personalisierten Musik- und Video-Streaming-Diensten, die Empfehlungen basierend auf bisherigem Konsumverhalten geben, bis hin zu Spielen, die sich an den Spielstil des Nutzers anpassen, bieten diese Anwendungen ein personalisiertes Erlebnis.

Diese Entwicklungsumgebung fördert nicht nur die kontinuierliche Innovation und das Wachstum von KI-Anwendungen, die speziell für mobile Geräte konzipiert sind, sondern regt auch zu einer ständigen Reflexion und Verbesserung der zugrundeliegenden KI-Technologien an. Die Nähe zum Endnutzer und die direkte Rückmeldung, die Entwickler über App-Stores erhalten, beschleunigen den Innovationszyklus und ermöglichen eine schnelle Anpassung und Optimierung der Anwendungen. Die Einbindung von KI in Smartphones ist somit nicht nur ein Katalysator für technologische Innovationen, sondern auch ein Treiber für gesellschaftliche und wirtschaftliche Veränderungen, indem sie leistungsfähige, personalisierte und intuitive Dienste für eine breite Nutzerbasis zugänglich macht.

Zusammenfassend lässt sich sagen, dass Smartphones eine Schlüsselrolle in der Verbreitung und Anwendung von KI spielen. Sie bieten eine zugängliche, leistungsstarke und personalisierte Plattform, die das Potenzial hat, KI-Technologien in das tägliche Leben von Milliarden von Menschen weltweit zu integrieren.

Grundlagen der KI und ihre Abhängigkeit von Hardware

Die Grundlagen der Künstlichen Intelligenz umfassen ein breites Spektrum von Technologien, Methoden und Prinzipien, die darauf abzielen, Maschinen zu befähigen, Aufgaben auszuführen, die menschliche Intelligenz erfordern.

Dazu gehören Verstehen, Lernen, Planen, Spracherkennung und Problemlosung.

Die Fähigkeit von KI-Systemen, aus Erfahrungen zu lernen, Muster in Daten zu erkennen und auf Basis dieser Erkenntnisse Entscheidungen zu treffen, ist zentral für die Entwicklung intelligenter Anwendungen. Die Implementierung und Effektivität dieser Systeme sind jedoch zunehmend von der zugrunde liegenden Hardware abhängig. Diese Abhängigkeit manifestiert sich in mehreren Schlüsselbereichen:

Rechenleistung

Die Entwicklung und das Training von KI-Modellen, insbesondere in Bereichen wie maschinelles Lernen und Deep Learning, sind rechenintensive Prozesse. Sie erfordern eine erhebliche Menge an Rechenleistung, um Millionen oder sogar Milliarden von Parametern anzupassen, die in den Modellen verwendet werden. Moderne Prozessoren wie GPUs (Graphics Processing Units),

TPUs (Tensor Processing Units) und spezialisierte AI-Chips bieten die hohe Rechenleistung, die für diese Aufgaben benötigt wird, indem sie parallele Verarbeitung und effiziente Matrixoperationen ermöglichen, die für das Training von KI-Modellen kritisch sind.

Speicher und Speicherbandbreite

Die Effektivität von Künstlicher Intelligenz und maschinellem Lernen hängt in hohem Maße von der Fähigkeit ab, große Mengen von Daten schnell und effizient zu verarbeiten und zu analysieren. Die Rechenleistung der Prozessoren ist dabei ein kritischer Faktor, aber sie bildet nur einen Teil der Gleichung. Mindestens ebenso wichtig sind ausreichender Speicher und eine hohe Speicherbandbreite, die entscheidend sind, um die Effizienz des Trainingsprozesses und der Ausführung von KI-Modellen zu maximieren. Diese Faktoren zusammengenommen definieren die Leistungsfähigkeit von KI-Systemen.

Der Speicher spielt eine ebenso wichtige Rolle, da er die Daten bereithält, die von den Prozessoren verarbeitet werden. Bei unzureichendem Speicher müssen Daten in kleineren Chargen verarbeitet oder von langsameren Speichermedien nachgeladen werden, was den Prozess verlangsamen kann. Die Speicherkapazität muss groß genug sein, um die enormen Datenmengen zu fassen, die für das Training von KI-Modellen erforderlich sind, insbesondere bei tiefen neuronalen Netzwerken, die auf umfangreichen Datensätzen trainiert werden.

Die Speicherbandbreite – also die Geschwindigkeit, mit der Daten zwischen dem Speicher und den Prozessoren bewegt werden können – ist ein weiterer entscheidender Faktor. Hohe Speicherbandbreiten ermöglichen es, dass Daten schnell genug an die Prozessoren geliefert werden, um eine kontinuierliche, effiziente Verarbeitung zu gewährleisten. Eine begrenzte Bandbreite hingegen kann zu Engpässen führen, die den gesamten Prozess verlangsamen, da die Prozessoren auf den Zugriff auf Daten warten müssen.

High Bandwidth Memory (HBM) stellt eine bedeutende Weiterentwicklung in der Speichertechnologie dar, speziell konzipiert, um den hohen Anforderungen moderner KI-Systeme gerecht zu werden. Im Kern adressiert HBM das Problem der Speicherbandbreite, das traditionelle Speicherlösungen wie DDR-Speicher (Double Data Rate) in Bezug auf die Geschwindigkeit, mit der Daten zwischen dem Speicher und den Prozessoreinheiten transferiert werden können, oft beschränkt.

HBM erreicht seine hohe Bandbreite durch eine radikal andere Architektur im Vergleich zu traditionellen Speicherdesigns. Statt auf ein breites Interface mit hoher Taktrate zu setzen, nutzt HBM eine viel größere Anzahl von Datenkanälen, die jeweils mit einer niedrigeren Taktrate betrieben werden. Dieses Design ermöglicht es HBM, Daten viel schneller zu bewegen, was zu einer erheblichen Steigerung der Gesamtbandbreite führt. Darüber hinaus wird HBM physisch näher am Prozessor oder an der GPU platziert, oft direkt neben dem Chip oder sogar gestapelt und durch Silizium-Interposer verbunden. Diese physische Nähe reduziert die Latenzzeit bei der Datenübertragung zusätzlich und verbessert die Effizienz des Systems weiter.

Die Vorteile von HBM sind insbesondere bei Anwendungen spürbar, die eine intensive Datenverarbeitung erfordern, wie es bei KI und maschinellem Lernen der Fall ist. KI-Modelle, insbesondere tiefe neuronale Netzwerke, profitieren von der Fähigkeit, große Datensätze und Modelle schneller durch den Speicher zu bewegen, was die Trainingszeiten verkürzt und die Inferenzgeschwindigkeit erhöht. Dies ist entscheidend für Anwendungen, die in Echtzeit oder nahezu in Echtzeit arbeiten müssen, wie bei autonomem Fahren, Echtzeit-Übersetzungsdiensten oder interaktiven KI-Assistenten.

HBM unterstützt auch die Entwicklung von komplexeren und leistungsfähigeren KI-Modellen, da Entwickler nicht mehr in gleichem Maße durch die Speicherbandbreite begrenzt werden. Dies eröffnet neue Möglichkeiten für die Forschung und Entwicklung in KI, da Modelle tiefer, genauer und damit leistungsfähiger gestaltet werden können, ohne dabei unverhältnismäßige Einbußen bei der Ausführungsgeschwindigkeit hinnehmen zu müssen.

Die Balance zwischen Prozessorleistung, Speicherkapazität und Speicherbandbreite ist mittlerweile entscheidend für die Optimierung von KI-Systemen.

Energieeffizienz

Die Energieeffizienz ist, wie bereits beschrieben, ein wesentlicher Faktor in der KI-Hardware, besonders für Anwendungen, die in mobilen Geräten oder in Rechenzentren im großen Maßstab betrieben werden. Energieeffiziente Hardware reduziert den Stromverbrauch und die damit verbundenen Kosten, was besonders wichtig ist, da das Training von KI-Modellen und der Betrieb von KI-Anwendungen energieintensiv sein können. Spezialisierte KI-Chips und -Prozessoren sind oft darauf ausgelegt, eine höhere Energieeffizienz im Vergleich zu allgemeinen Prozessoren zu bieten.

Spezialisierung vs. Generalisierung

Die Unterscheidung zwischen allgemeinen CPUs und spezialisierten KI-Hardwarekomponenten wie GPUs (Graphics Processing Units) und TPUs (Tensor Processing Units) ist fundamental, wenn es um die Ausführung von KI-Anwendungen geht. CPUs, die Herzstücke der meisten Computer, sind für eine breite Palette von Aufgaben konzipiert. Sie können alles von einfachen Rechenaufgaben bis hin zu komplexen logischen Operationen handhaben. Ihre Architektur ist auf Flexibilität und die Fähigkeit zur sequenziellen Datenverarbeitung ausgerichtet, was sie ideal für allgemeine Computing-Aufgaben macht.

Im Gegensatz dazu wurden GPUs ursprünglich für die Verarbeitung von Grafiken und Bildern entwickelt, aber ihre Fähigkeit, parallel viele Berechnungen durchzuführen, macht sie auch für KI-Anwendungen besonders wertvoll. GPUs können tausende von Threads gleichzeitig ausführen, was sie ideal für die massiven parallelen Rechenoperationen macht, die in maschinellem Lernen und tiefem Lernen üblich sind. Diese Fähigkeit zur parallelen Verarbeitung bedeutet, dass GPUs KI-Modelle und -Algorithmen wesentlich schneller trainieren und ausführen können als CPUs.

TPUs sind noch spezifischer auf KI-Aufgaben ausgerichtet und wurden von Grund auf mit dem Ziel entworfen, maschinelles Lernen effizient zu unterstützen. TPUs optimieren bestimmte mathematische Operationen, die in KI-Berechnungen häufig vorkommen, wie zum Beispiel die Matrixmultiplikation, was zu noch schnelleren Berechnungen im Vergleich zu GPUs führen kann. Google verwendet TPUs beispielsweise intern, um ihre KI-Modelle zu trainieren und durchzuführen, was zu deutlichen Leistungssteigerungen führt.

Die Wahl zwischen CPUs, GPUs und TPUs hängt stark von der spezifischen KI-Anwendung ab. Während CPUs aufgrund ihrer Flexibilität und Fähigkeit, eine breite Palette von Aufgaben zu bewältigen, immer noch unverzichtbar sind, bieten GPUs und TPUs entscheidende Vorteile für KI-Berechnungen. Die Entscheidung, welche Hardware zu verwenden ist, basiert auf einer Reihe von Faktoren, einschließlich der Art der KI-Aufgabe, der Größe und Komplexität des Modells, den Zeit- und

Kostenbeschränkungen und den spezifischen Anforderungen der Anwendung.

Die Spezialisierung von GPUs und TPUs ermöglicht es, KI-Berechnungen effizienter und schneller auszuführen, aber diese Spezialisierung kommt mit dem Trade-off der Flexibilität. GPUs und TPUs sind für bestimmte Typen von Berechnungen optimiert und möglicherweise nicht so effektiv bei Aufgaben außerhalb dieser Spezialisierungen. In manchen Fällen, insbesondere bei kleineren oder weniger rechenintensiven KI-Projekten, könnte eine CPU ausreichen und eine kostengünstigere Option darstellen. Bei großangelegten KI-Projekten, die intensive Berechnungen erfordern, überwiegen jedoch die Vorteile der spezialisierten Hardware deutlich die potenziellen Einschränkungen in der Flexibilität.

Zugänglichkeit

Die Verfügbarkeit und Zugänglichkeit von KI-freundlicher Hardware bestimmt, wer in der Lage ist, KI-Modelle zu entwickeln und zu trainieren. Während große Unternehmen und Forschungseinrichtungen Zugang zu den neuesten Technologien haben mögen, ist es wichtig, dass die Entwicklungs-Tools und die Hardware auch für kleinere Entwicklerteams und Einzelpersonen zugänglich sind, um ein breites Spektrum von Innovationen und Anwendungen zu fördern.

Insgesamt ist die Entwicklung der KI untrennbar mit der Evolution der Hardware verbunden. Während die

Software die "Intelligenz" von KI-Systemen definiert, ist es die Hardware, die diese Intelligenz realisierbar und praktisch einsetzbar macht. Die Zukunft der KI hängt somit nicht nur von Durchbrüchen in Algorithmen und Datenwissenschaft ab, sondern auch von Fortschritten in der Hardware, die diese Innovationen unterstützen.

Grundkonzepte und Anwendungen von KI und ML

Künstliche Intelligenz (KI) und Maschinelles Lernen (ML) sind Bereiche der Informatik, die sich mit der Entwicklung von Systemen befassen, die in der Lage sind, Aufgaben auszuführen, die menschliche Intelligenz erfordern. Diese Technologien haben das Potenzial, zahlreiche Aspekte unseres Lebens zu transformieren, von der Art und Weise, wie wir arbeiten, bis hin zu unserem Verständnis von Gesundheit und Medizin. Um die Grundlagen und Anwendungen dieser Disziplinen zu verstehen, ist es hilfreich, sich mit einigen ihrer Kernkonzepte und typischen Einsatzgebieten vertraut zu machen.

Grundkonzepte der KI

Künstliche Intelligenz bezieht sich auf das breite Feld, das Maschinen befähigt, Aufgaben auszuführen, die typischerweise menschliche Intelligenz erfordern. Dazu gehören Problemlösung, Verstehen natürlicher Sprache, Erkennung von Mustern und Bildern,

Entscheidungsfindung und mehr. KI kann in zwei Hauptkategorien unterteilt werden:

- Schwache KI, auch bekannt als „Angewandte KI", ist Systemen inhärent, die für spezifische Aufgaben entworfen wurden, wie sprachgesteuerte Assistenten oder Empfehlungssysteme.
- Starke KI oder „Generelle Künstliche Intelligenz" bezieht sich auf Systeme oder Maschinen, die das kognitive Funktionieren des Menschen umfassend nachbilden können. Solche Systeme sind theoretisch in der Lage, jede geistige Aufgabe zu erfüllen, die ein menschlicher Nutzer kann.

Schwache KI

Der Begriff "Schwache KI", oft auch als "Angewandte KI" bezeichnet, spielt eine zentrale Rolle im Verständnis der verschiedenen Arten künstlicher Intelligenz und ihrer Anwendungen. Schwache KI bezieht sich auf Systeme, die speziell dafür entworfen wurden, eine bestimmte Aufgabe oder einen eng begrenzten Aufgabenbereich zu erfüllen, ohne dabei menschliche Intelligenz in ihrer Gesamtheit nachzubilden oder zu verstehen. Diese Art von KI arbeitet unter einem festgelegten Regelwerk oder lernt aus Daten, um spezifische, vorher definierte Ziele zu erreichen.

Ein gutes Beispiel für schwache KI sind sprachgesteuerte Assistenten wie Siri, Alexa oder Google Assistant.

Diese Systeme sind darauf trainiert, menschliche Sprache zu verstehen und darauf zu reagieren, Informationen zu suchen, einfache Befehle auszuführen oder Nutzeranfragen zu beantworten. Obwohl ihre Fähigkeit, natürliche Sprache zu verarbeiten und auf eine Vielzahl von Anfragen zu reagieren, beeindruckend ist, operieren sie innerhalb eines sehr spezifischen Rahmens. Sie sind nicht in der Lage, außerhalb ihres programmierten Wissens und ihrer Fähigkeiten zu agieren oder echtes Verständnis oder Bewusstsein zu zeigen.

Ein weiteres Beispiel sind Empfehlungssysteme, wie sie von Streaming-Diensten wie Netflix oder E-Commerce-Plattformen wie Amazon verwendet werden. Diese Systeme analysieren das Verhalten und die Vorlieben der Nutzer, um personalisierte Vorschläge für Filme, TV-Serien oder Produkte zu machen. Während diese Systeme in der Lage sind, erstaunlich präzise Empfehlungen auf Basis riesiger Datenmengen zu liefern, ist ihre Intelligenz auf diesen spezifischen Kontext beschränkt.

Schwache KI-Systeme sind in der Regel durch maschinelles Lernen und Datenanalyse charakterisiert. Sie nutzen große Datenmengen und Algorithmen, um Muster zu erkennen und Entscheidungen innerhalb ihres Anwendungsbereichs zu treffen. Ihre Entwicklung erfordert tiefgehendes Wissen in den Bereichen Datenwissenschaft und maschinelles Lernen, sowie eine sorgfältige Planung der Anwendungsgebiete, um sicherzustellen, dass die Systeme effektiv und ethisch verantwortungsbewusst agieren.

Trotz der begrenzten Fähigkeiten der schwachen KI hat ihre Entwicklung bedeutende Auswirkungen auf viele Industriezweige und Alltagsanwendungen. Sie ermöglicht Automatisierung und Effizienzsteigerungen in Bereichen wie Kundenservice, Marketing, Gesundheitswesen, Finanzdienstleistungen und mehr. Die Fortschritte in der schwachen KI führen zu immer intelligenteren Systemen, die spezifische Aufgaben mit zunehmender Präzision und Nützlichkeit erfüllen können.

Starke KI

Starke KI, auch bekannt als "Generelle Künstliche Intelligenz" (Artificial General Intelligence, AGI), repräsentiert das ambitionierte Ziel der KI-Forschung, Systeme oder Maschinen zu entwickeln, die das gesamte Spektrum menschlicher kognitiver Fähigkeiten nachahmen können. Im Gegensatz zur schwachen KI, die für spezifische Aufgaben konzipiert ist, zielt die starke KI darauf ab, eine universelle Intelligenz zu erschaffen, die selbständig lernt, versteht, schlussfolgert und kreativ ist über ein breites Spektrum von Domänen hinweg.

Ein System mit starker KI wäre in der Lage, jede geistige Aufgabe zu erfüllen, die auch ein Mensch bewältigen kann. Dies schließt nicht nur spezialisierte Aufgaben wie das Spielen eines Schachspiels oder die Diagnose einer Krankheit ein, sondern auch die Fähigkeit, aus Erfahrungen zu lernen, sich an neue und unbekannte Umstände anzupassen, eigenständig Probleme zu lösen, kreativ zu denken und sogar Emotionen und

Bewusstsein zu besitzen. Die Realisierung einer solchen Intelligenz würde die Grenzen dessen, was Maschinen tun können, radikal verschieben und könnte theoretisch Maschinen hervorbringen, die nicht nur mit Menschen in spezifischen Aufgaben konkurrieren, sondern auch in der Lage sind, menschliche Fähigkeiten zu übertreffen und eigenständige Innovationen zu schaffen.

Die Entwicklung starker KI wirft jedoch erhebliche technische, philosophische und ethische Fragen auf.

Technisch gesehen steht die Forschung vor der Herausforderung, Algorithmen zu entwickeln, die eine derart flexible und adaptive Intelligenz ermöglichen. Dies könnte einen Durchbruch in Bereichen wie maschinelles Lernen, neuronale Netze und kognitive Modellierung erfordern. Philosophisch betrachtet wirft die Vorstellung einer Maschine, die menschenähnliche Intelligenz besitzt, Fragen nach dem Wesen des Bewusstseins und der Identität auf.

Ethische Überlegungen spielen ebenfalls eine entscheidende Rolle. Die Möglichkeit, dass Maschinen Entscheidungen treffen, die traditionell menschliches Urteilsvermögen erforderten, wirft Fragen nach Verantwortlichkeit, Sicherheit und den sozialen Auswirkungen auf.

Obwohl die Realisierung starker KI eine faszinierende Vision ist, bleibt sie zum jetzigen Zeitpunkt weitgehend spekulativ und in der Forschung und Entwicklung eine langfristige Perspektive. Die meisten heutigen KI-Systeme fallen in die Kategorie der schwachen KI, obwohl

Fortschritte im Bereich des maschinellen Lernens und der KI-Forschung stetig und rasant die Grenzen dessen erweitern, was technologisch möglich ist. Die Entwicklung hin zur starken KI würde jedoch nicht nur einen großen Fortschritt in der Computertechnologie darstellen, sondern auch zentrale Auswirkungen auf fast jeden Aspekt der menschlichen Gesellschaft haben.

Grundkonzepte des Maschinellen Lernens

Maschinelles Lernen ist ein Unterfeld der KI, das Algorithmen und statistische Modelle verwendet, damit Computerprogramme aus Daten lernen und sich verbessern können, ohne explizit programmiert zu werden. ML-Modelle lernen aus Erfahrungen (Daten), um Vorhersagen oder Entscheidungen zu treffen, basierend auf neuen, nie zuvor gesehenen Daten. Die Hauptkategorien des maschinellen Lernens sind:

- Überwachtes Lernen, wo Modelle anhand von Eingabe-Ausgabe-Paaren trainiert werden. Das System versucht, eine Funktion zu lernen, die Eingaben auf Ausgaben abbildet.
- Unüberwachtes Lernen, bei dem Algorithmen auf Datensätzen ohne vorgegebene Antworten lernen und verborgene Strukturen in den Daten entdecken.
- Verstärkungslernen basiert auf dem Prinzip der Belohnung und Bestrafung. Ein Agent lernt, wie er sich in einer Umgebung verhalten soll, um die maximale Belohnung zu erzielen.

Überwachtes Lernen

Überwachtes Lernen ist eine der zentralen Techniken im Bereich des maschinellen Lernens und spielt eine entscheidende Rolle in der Entwicklung künstlicher Intelligenz.

Bei dieser Methode wird das Modell mit einem Datensatz trainiert, der aus Eingabe-Ausgabe-Paaren besteht. Jedes Paar im Trainingsdatensatz besteht aus einer Eingabe (oft auch als "Feature" bezeichnet) und einer dazugehörigen Ausgabe oder einem Ziel (auch "Label" genannt). Das Ziel des überwachten Lernens ist es, eine Funktion zu lernen, die so genau wie möglich die Beziehung zwischen den Eingabedaten und den Ausgabedaten abbildet. Sobald das Modell trainiert ist, soll es in der Lage sein, die Ausgabe für neue, unbekannte Eingaben vorherzusagen oder zu klassifizieren.

Der Prozess des überwachten Lernens umfasst mehrere Schritte. Zunächst wird ein Algorithmus ausgewählt, der für die spezifische Aufgabe geeignet erscheint. Dies könnte ein einfacher Algorithmus wie lineare Regression für kontinuierliche Vorhersagen (z.B. Vorhersage des Preises einer Ware basierend auf ihren Merkmalen) oder ein komplexerer wie ein tiefes neuronales Netzwerk für Klassifizierungsaufgaben (z.B. Erkennung von Objekten auf Bildern) sein. Anschließend wird der Algorithmus mit einem Trainingsdatensatz gefüttert, der ihm hilft, die Beziehung zwischen den Eingaben und den gewünschten Ausgaben zu "lernen".

Das Training eines Modells im Rahmen des überwachten Lernens beinhaltet typischerweise die Minimierung eines Fehlers oder Verlusts, der den Unterschied zwischen den vom Modell vorhergesagten Ausgaben und den tatsächlichen Ausgaben im Trainingsdatensatz misst. Durch den Trainingsprozess passt das Modell seine internen Parameter an, um diesen Fehler zu minimieren. Nach Abschluss des Trainings wird das Modell anhand eines separaten Datensatzes, den es während des Trainings nicht gesehen hat (dem Testdatensatz), bewertet, um seine Genauigkeit und Leistungsfähigkeit zu überprüfen.

Überwachtes Lernen wird in einer Vielzahl von Anwendungen eingesetzt, von der Spracherkennung und Textklassifikation über Bilderkennung bis hin zur Vorhersage von Aktienmarktbewegungen. Die Effektivität des überwachten Lernens hängt stark von der Qualität und Quantität der verfügbaren Trainingsdaten ab. Hochwertige, gut annotierte Daten ermöglichen es dem Modell, genauere Vorhersagen zu treffen. Allerdings kann das Sammeln und Beschriften solcher Daten zeitaufwändig und kostspielig sein, was eine Herausforderung darstellt.

Trotz dieser Herausforderung bleibt überwachtes Lernen eine mächtige Methode im KI-Toolkit, die es ermöglicht, komplexe Probleme zu lösen und wertvolle Einblicke in Daten zu gewinnen. Die kontinuierliche Verbesserung der Algorithmen, zusammen mit der zunehmenden Verfügbarkeit großer Datenmengen und leistungsfähigerer Rechenressourcen, treibt die Fortschritte und die Verbreitung überwachter Lernmethoden voran.

Unüberwachtes Lernen

Unüberwachtes Lernen ist eine Methode des maschinellen Lernens, die sich dadurch auszeichnet, dass sie ohne explizit vorgegebene Antworten oder Labels in den Trainingsdaten operiert. Im Gegensatz zum überwachten Lernen, bei dem Modelle anhand von Beispielen mit bekannten Eingabe-Ausgabe-Paaren trainiert werden, zielt unüberwachtes Lernen darauf ab, verborgene Muster, Strukturen oder Zusammenhänge innerhalb eines Datensatzes zu entdecken, der lediglich aus Eingabedaten besteht, ohne zugeordnete Ausgaben oder Labels.

Diese Methode ist besonders nützlich in Szenarien, in denen die Beziehungen zwischen den Datenpunkten nicht im Voraus bekannt sind oder wenn es unmöglich oder unpraktisch ist, einen umfangreichen Datensatz mit Labels zu erstellen. Unüberwachtes Lernen kann in verschiedene Techniken unterteilt werden, darunter Clustering, Dimensionsreduktion und Assoziationsregel-Lernen.

- Clustering ist eine der bekanntesten Techniken des unüberwachten Lernens. Hierbei werden Datenpunkte in Gruppen (Cluster) eingeteilt, sodass Punkte innerhalb eines Clusters ähnlicher zueinander sind als zu Punkten in anderen

Clustern. Diese Methode wird häufig zur Segmentierung von Daten verwendet, zum Beispiel bei der Kundensegmentierung im Marketing, um Gruppen von Kunden mit ähnlichen Präferenzen oder Verhaltensweisen zu identifizieren.
- Dimensionsreduktion ist eine weitere wichtige Technik, die dazu dient, die Komplexität von Daten zu verringern, indem die Anzahl der Variablen reduziert wird, aber gleichzeitig versucht wird, die wesentlichen Informationen zu bewahren. Techniken wie die Hauptkomponentenanalyse (PCA) werden eingesetzt, um die Dimensionalität von Datensätzen zu reduzieren, was nicht nur Speicherplatz und Rechenzeit spart, sondern auch dabei hilft, die zugrunde liegenden Strukturen der Daten besser zu verstehen.
- Assoziationsregel-Lernen ist eine Methode, die darauf abzielt, interessante Beziehungen zwischen Variablen in großen Datenbanken zu finden. Ein klassisches Beispiel ist die "Warenkorbanalyse" im Einzelhandel, bei der untersucht wird, welche Produkte häufig zusammen gekauft werden, um Verkaufsstrategien zu optimieren.

Die Herausforderung beim unüberwachten Lernen liegt darin, dass ohne vorgegebene Antworten die Bewertung der Modellleistung weniger klar ist als beim überwachten Lernen. Es gibt keine einfache "richtige" Antwort, und die Güte der Ergebnisse muss oft anhand des

Kontextes oder durch menschliche Expertise beurteilt werden. Dennoch bietet unüberwachtes Lernen mächtige Werkzeuge, um Einblicke in Daten zu gewinnen, die sonst verborgen bleiben würden, insbesondere in den frühen Phasen der Datenexploration, wenn noch nicht klar ist, welche Fragen gestellt werden sollten oder welche Strukturen existieren.

Durch die Fähigkeit, verborgene Muster in Daten zu erkennen, ohne auf vorherige Annotationen angewiesen zu sein, spielt unüberwachtes Lernen eine zunehmend wichtige Rolle in vielen Bereichen der Datenanalyse, von der Entdeckung neuer wissenschaftlicher Einsichten bis hin zur Verbesserung von Geschäftsprozessen und Kundenerfahrungen.

Verstärkungslernen

Verstärkungslernen ist eine weitere und dynamische Methode des maschinellen Lernens, die auf den Prinzipien der Belohnung und Bestrafung basiert. Im Kern des Verstärkungslernens steht ein Agent, der lernt, durch Interaktion mit seiner Umgebung die bestmöglichen Aktionen auszuwählen, um seine Ziele zu erreichen. Dieses Lernparadigma ist inspiriert von der behavioristischen Psychologie und ahmt die Art und Weise nach, wie Lebewesen durch das Streben nach Belohnungen und das Vermeiden von Bestrafungen lernen.

Das Grundkonzept des Verstärkungslernens dreht sich um den Agenten, die Umgebung, und wie diese beiden interagieren. Der Agent trifft in jedem Zustand der Umgebung Entscheidungen oder führt Aktionen aus. Als Reaktion darauf verändert die Umgebung ihren Zustand und gibt dem Agenten eine Rückmeldung in Form von Belohnungen oder Strafen. Die Belohnung ist ein numerischer Wert, der dem Agenten signalisiert, wie vorteilhaft eine bestimmte Aktion war. Das Ziel des Agenten ist es, eine Strategie (auch bekannt als Policy) zu lernen, die die kumulative Belohnung über die Zeit maximiert.

Verstärkungslernen hat beeindruckende Anwendungen in verschiedenen Bereichen gefunden, von der Optimierung von Schach- und Go-Spielstrategien, wo Programme wie AlphaGo historische Meilensteine erreicht haben, bis hin zur Robotik, wo es verwendet wird, um Robotern beizubringen, komplexe Aufgaben wie das Gehen, Greifen oder Fliegen autonom zu meistern. Es wird auch in der Automatisierung und in der Optimierung von Entscheidungsfindungsprozessen in komplexen Systemen wie intelligenten Stromnetzen und im Finanzwesen eingesetzt.

Eine der Hauptherausforderungen im Verstärkungslernen ist das Gleichgewicht zwischen Exploration und Exploitation. Exploration bezieht sich auf das Ausprobieren neuer Aktionen, um mehr über die Umgebung zu erfahren, während Exploitation die Nutzung des bereits erworbenen Wissens darstellt, um die Belohnung zu maximieren. Ein effektiver Agent muss lernen, wann es besser ist, neue Strategien zu erforschen, und wann es angebracht ist, bewährte Aktionen auszuführen.

Eine weitere Herausforderung ist die Skalierung: Viele reale Probleme bieten eine enorme oder sogar unendliche Anzahl von Zuständen und Aktionen, was sie mit traditionellen Methoden schwer lösbar macht. Hier kommen fortschrittliche Techniken wie tiefe neuronale Netze zum Einsatz, die als "Deep Reinforcement Learning" bezeichnet werden. Diese Methoden haben die Fähigkeit, aus komplexen und hochdimensionalen Daten zu lernen und haben zu bedeutenden Durchbrüchen in der Anwendung von Verstärkungslernen geführt.

Rechenkapazitäten für KI-Algorithmen

Die Notwendigkeit leistungsstarker Rechenkapazitäten für die Entwicklung und Anwendung von Künstlicher Intelligenz kann nicht genug betont werden. Diese Abhängigkeit rührt von der inhärenten Komplexität der KI-Algorithmen her, insbesondere von solchen, die unter den Bereich des Maschinellen Lernens (ML) und des Deep Learnings fallen. Die Verarbeitung riesiger Datenmengen, das Training umfangreicher neuronaler Netze und die Echtzeit-Analyse von Informationen erfordern außergewöhnliche Rechenleistung. Die Gründe für diese Anforderungen lassen sich wie folgt zusammenfassen:

Umfangreiche Datensätze

KI- und ML-Modelle lernen und verbessern sich durch die Analyse großer Datensätze. Die Verarbeitung und Analyse dieser Daten erfordern erhebliche Rechenressourcen. Je größer der Datensatz, desto genauer kann das Modell Muster erkennen und Vorhersagen treffen. Die Verarbeitung solcher Datensätze in einer akzeptablen Zeit erfordert jedoch hochleistungsfähige Rechensysteme.

Komplexität der Modelle

Moderne KI-Modelle, insbesondere tiefe neuronale Netze, bestehen aus Millionen oder sogar Milliarden von Parametern, die angepasst werden müssen, um präzise Vorhersagen oder Analysen durchführen zu können. Das Training dieser Modelle erfordert eine immense Menge an Matrixmultiplikationen und anderen rechenintensiven Operationen, die ohne leistungsfähige Hardware nicht praktikabel wären.

Echtzeitanforderungen

Viele KI-Anwendungen, wie autonome Fahrzeuge, persönliche Assistenten und Echtzeit-Übersetzungsdienste, erfordern schnelle Entscheidungsfindung und Reaktionsfähigkeit. Diese Echtzeitanforderungen können nur mit entsprechend leistungsstarker Rechenkapazität erfüllt werden, um die Latenzzeiten zu minimieren und eine flüssige Nutzererfahrung zu gewährleisten.

Iteratives Training und Optimierung

Die Entwicklung von KI-Modellen ist ein iterativer Prozess, bei dem Modelle kontinuierlich angepasst, getestet und neu trainiert werden, um ihre Genauigkeit und Effektivität zu verbessern. Dieser Prozess kann ohne schnelle und effiziente Hardware langwierig sein, was die Innovationsgeschwindigkeit und die praktische Umsetzung von Forschungsergebnissen beeinträchtigt.

Spezialisierte Hardware

Die spezifischen Anforderungen von KI-Algorithmen haben zur Entwicklung spezialisierter Hardware wie GPUs (Graphics Processing Units), TPUs (Tensor Processing Units) und FPGAs (Field-Programmable Gate Arrays) geführt. Diese sind optimiert für parallele Verarbeitung und andere für KI typische Rechenoperationen, was eine erhebliche Beschleunigung des Trainings und der Ausführung von KI-Modellen ermöglicht.

Zusammenfassend lässt sich sagen, dass die Fortschritte in der KI untrennbar mit den Fortschritten in der Rechenleistung verbunden sind. Die Verfügbarkeit und Weiterentwicklung leistungsfähiger Rechenkapazitäten sind entscheidend für die Erforschung neuer Methoden im maschinellen Lernen, die Entwicklung fortschrittlicherer und komplexerer Modelle sowie die breite Anwendung von KI-Technologien in der Industrie und im Alltag. Die Investition in Rechenressourcen ist somit eine grundlegende Voraussetzung für den Fortschritt und die Innovation im Bereich der Künstlichen Intelligenz.

Arten von Chips, die in der KI verwendet werden

Die Entwicklung und Anwendung von Künstlicher Intelligenz ist wie dargestellt eng mit Fortschritten in der Hardware-Technologie verbunden. Verschiedene Arten von Chips spielen eine entscheidende Rolle in der KI-Forschung und -Anwendung, jede mit ihren eigenen

Stärken und spezifischen Einsatzbereichen. Hier ist eine Übersicht über die am häufigsten in der KI verwendeten Chips: CPUs, GPUs, TPUs und FPGAs.

CPUs (Central Processing Units)

CPUs, kurz für Central Processing Units, sind seit langem das Herzstück moderner Computer und spielen eine entscheidende Rolle in der Informationsverarbeitung. Sie sind so konzipiert, dass sie eine Vielzahl von Aufgaben bewältigen können, von den grundlegendsten Berechnungen bis hin zu komplexen Algorithmen, die in der Datenanalyse, im Grafikdesign und in vielen anderen Bereichen eingesetzt werden. Im Wesentlichen agieren CPUs als das Gehirn eines Computers, indem sie Anweisungen von Programmen durch eine Serie von Rechenoperationen ausführen.

Die Architektur einer CPU ist in der Regel in mehrere Kerne unterteilt, wobei jeder Kern in der Lage ist, Aufgaben parallel zu verarbeiten. Dies erhöht die Effizienz und Geschwindigkeit des Gesamtsystems, insbesondere bei Programmen, die für Multithreading optimiert sind. Die Leistung einer CPU wird durch verschiedene Faktoren bestimmt, einschließlich ihrer Taktfrequenz, die in Gigahertz (GHz) gemessen wird, der Anzahl der Kerne, der Größe des Cache-Speichers und der Effizienz ihrer Architektur.

Moderne CPUs umfassen auch spezielle Funktionseinheiten wie Vektorprozessoren oder integrierte

Grafikeinheiten, die für spezifische Aufgaben wie das Rendering von Grafiken oder die Beschleunigung von maschinellem Lernen optimiert sind. Diese Entwicklung spiegelt die steigende Nachfrage nach multifunktionalen Geräten wider, die sowohl leistungsstarke Rechenoperationen als auch anspruchsvolle Grafikverarbeitung unterstützen können.

Die Evolution der CPU-Technologie hat über die Jahre zu erheblichen Leistungssteigerungen geführt, was wiederum die Entwicklung von Software und Anwendungen ermöglicht hat, die immer anspruchsvollere Aufgaben ausführen können. Diese Fortschritte haben eine Schlüsselrolle bei der Gestaltung der modernen digitalen Welt gespielt, von der Erweiterung der Möglichkeiten im Bereich der künstlichen Intelligenz bis hin zur Ermöglichung komplexer wissenschaftlicher Simulationen.

Trotz ihrer zentralen Rolle in der Computertechnologie wird die Zukunft der CPUs durch aufkommende Technologien wie Quantum Computing und spezialisierte Verarbeitungseinheiten, wie z.B. Grafikprozessoren (GPUs) und Field-Programmable Gate Arrays (FPGAs), herausgefordert. Diese Technologien bieten für bestimmte Anwendungen erhebliche Leistungsvorteile und könnten die Art und Weise, wie Rechenleistung in Zukunft genutzt wird, grundlegend verändern.

Einsatz von CPUs in der KI

CPUs sind in der Lage, eine breite Palette von Aufgaben zu bewältigen, insbesondere solche, die sequenzielle Verarbeitungsprozesse erfordern. Dies macht sie ideal für die frühen Stadien der Softwareentwicklung, die Implementierung von Algorithmen, die nicht auf hohe Parallelität angewiesen sind, und für Anwendungen, bei denen die Reihenfolge der Operationen kritisch ist. Darüber hinaus sind CPUs aufgrund ihrer universellen Präsenz in Computern und Servern leicht zugänglich, was sie zu einer praktischen Wahl für viele Entwicklungs- und Berechnungsaufgaben macht.

Trotz dieser Vielseitigkeit und Zugänglichkeit haben CPUs Nachteile, insbesondere im Vergleich zu Hardware, die speziell für KI-Berechnungen entwickelt wurde, wie GPUs (Graphics Processing Units) und TPUs (Tensor Processing Units). Diese spezialisierten Prozessoren können Aufgaben, die hochparallele Rechenoperationen erfordern, wesentlich effizienter durchführen. KI- und maschinelles Lernen (ML) sind Bereiche, die besonders von dieser Art der parallelen Verarbeitungsfähigkeit profitieren, da sie die Verarbeitung großer Datensätze und die Durchführung komplexer Berechnungen in erheblich kürzerer Zeit ermöglichen.

GPUs, ursprünglich für Grafikberechnungen entwickelt, haben sich jedoch als besonders nützlich für die Beschleunigung von KI- und ML-Workloads erwiesen. Dies liegt an ihrer Fähigkeit, Tausende von kleineren

Berechnungen gleichzeitig durchzuführen, was sie ideal für die Matrix- und Vektoroperationen macht, die in diesen Anwendungen häufig vorkommen. TPUs, die noch spezialisierter sind, wurden speziell für die Beschleunigung von Tensorberechnungen im Kontext von Google's TensorFlow, einem weit verbreiteten Framework für maschinelles Lernen, entwickelt. Sie bieten eine noch höhere Effizienz für bestimmte KI-Berechnungen.

Die Grenzen der CPUs in Bezug auf hochparallele KI-Berechnungen liegen hauptsächlich in ihrer Architektur. Während sie für eine breite Palette von Aufgaben ausgelegt sind, können sie nicht die gleiche Anzahl von Operationen gleichzeitig ausführen wie GPUs oder TPUs. Dies führt zu längeren Ausführungszeiten für Aufgaben, die stark auf Parallelverarbeitung angewiesen sind, was bei vielen modernen KI-Anwendungen der Fall ist. Folglich, obwohl CPUs eine wichtige Rolle bei der Entwicklung und Ausführung von KI-Programmen spielen, insbesondere in Szenarien, in denen spezialisierte Hardware nicht erforderlich oder nicht verfügbar ist, werden sie häufig durch GPUs oder TPUs ergänzt oder ersetzt, wenn es um die Skalierung und Beschleunigung von KI-Berechnungen geht.

GPUs (Graphics Processing Units)

GPUs, oder Grafikprozessoren, haben eine deutliche Entwicklung durchgemacht, die weit über ihre ursprünglichen Anwendungen in der Grafikverarbeitung hinausgeht.

Ursprünglich entwickelt, um die Darstellung von Bildern und Videos auf Bildschirmen zu beschleunigen, haben sie sich zu einem unverzichtbaren Werkzeug für das Training von Künstlicher Intelligenz (KI) und Maschinellem Lernen (ML) Modellen entwickelt. Diese Evolution wurde durch die einzigartigen Eigenschaften der GPUs ermöglicht, insbesondere durch ihre hochparallele Architektur.

Die Kernstärke von GPUs liegt in ihrer Fähigkeit, Tausende von Threads gleichzeitig zu verarbeiten, was sie für Aufgaben, die eine massive Parallelverarbeitung erfordern, außerordentlich leistungsfähig macht. Diese Eigenschaft macht sie ideal für das Training von KI- und ML-Modellen, die komplexe Berechnungen über große Datensätze durchführen müssen. Im Gegensatz zu CPUs, die auf sequenzielle Verarbeitung ausgelegt sind und eine begrenzte Anzahl von Kernen für parallele Aufgaben haben, können GPUs eine immense Anzahl von Operationen gleichzeitig ausführen, was die Verarbeitungszeit für geeignete Aufgaben dramatisch reduziert.

Das Training von KI- und ML-Modellen ist besonders rechenintensiv, da es das wiederholte Anpassen von Parametern über große Datensätze erfordert, um das Modell zu optimieren. Dieser Prozess beinhaltet eine enorme Menge an Matrix- und Vektoroperationen, Aufgaben, für die GPUs besonders gut geeignet sind. Durch die Verwendung von GPUs können Forscher und Entwickler die Zeit, die benötigt wird, um Modelle zu trainieren, von Wochen oder Monaten auf Tage oder sogar Stunden reduzieren, was einen schnelleren Iterationszyklus und die Möglichkeit schafft, komplexere Modelle zu erforschen.

Die zunehmende Verwendung von GPUs in der KI und ML hat zu einer spezialisierten Hardware-Entwicklung geführt, die besonders für diese Art von Berechnungen optimiert ist. Dies umfasst Verbesserungen in der GPU-Architektur, die speziell darauf abzielen, die Leistung und Effizienz bei KI-Berechnungen zu maximieren. Darüber hinaus hat die Verbreitung von GPUs das Wachstum von Frameworks und Bibliotheken wie TensorFlow, PyTorch und anderen beschleunigt, die die Programmierung für parallele Verarbeitung vereinfachen und den Zugang zu GPU-Ressourcen demokratisieren.

Die transformative Rolle der GPUs in der Welt der KI und des ML ist ein klares Beispiel dafür, wie die Anpassungsfähigkeit und Leistungsfähigkeit der Hardware die Entwicklung von Technologien vorantreiben kann. Durch die Bereitstellung der notwendigen Rechenkraft für das Training von Modellen haben GPUs nicht nur die Forschung und Entwicklung in diesen Bereichen beschleunigt, sondern auch neue Möglichkeiten für Innovationen und Anwendungen eröffnet, die früher unerreichbar schienen.

GPUs sind besonders effektiv für Operationen, die im maschinellen Lernen und Deep Learning häufig vorkommen, wie z.B. Matrixmultiplikationen. Ihre Fähigkeit, tausende von Threads gleichzeitig auszuführen, macht sie zu einer bevorzugten Wahl für das Training komplexer neuronaler Netze.

Die deutliche Beschleunigung, die GPUs gegenüber CPUs bei parallelen Verarbeitungsaufgaben bieten, hat sie zu einem unverzichtbaren Werkzeug im Bereich des Trainings von KI-Modellen gemacht. Diese Beschleunigung ist auf die grundlegenden architektonischen Unterschiede zwischen den beiden Prozessortypen zurückzuführen. Während CPUs für eine breite Palette von Aufgaben konzipiert sind und in der Lage sind, komplexe Instruktionen mit einer relativ geringen Anzahl von Kernen auszuführen, sind GPUs speziell für die Verarbeitung vieler paralleler Threads ausgelegt. Dies ermöglicht es GPUs, Tausende von Operationen gleichzeitig auszuführen, verglichen mit den begrenzten parallelen Operationen, die eine CPU durchführen kann.

Diese Fähigkeit zur massiven Parallelverarbeitung macht GPUs besonders geeignet für das Training von KI-Modellen, das rechenintensive Operationen über große Datensätze erfordert. Beim Training von KI- und ML-Modellen müssen oft Millionen oder gar Milliarden von Parameteranpassungen vorgenommen werden, um die Genauigkeit des Modells zu verbessern. Jeder dieser Schritte erfordert komplexe Berechnungen, die über den gesamten Datensatz verteilt sind. Die Parallelverarbeitungskapazität von GPUs ermöglicht es, diese Berechnungen gleichzeitig durchzuführen, was die benötigte Zeit für das Training eines Modells erheblich verkürzt.

Darüber hinaus haben die Entwicklungen in der GPU-Technologie und die Optimierung von Software und Frameworks für das maschinelle Lernen dazu geführt, dass GPUs noch effizienter in der Ausführung dieser spezialisierten Aufgaben geworden sind. Entwickler und Forscher können nun auf Bibliotheken und Frameworks wie CUDA (eine von NVIDIA entwickelte parallele Computing-Plattform und Programmiermodell), TensorFlow und PyTorch zurückgreifen, die speziell für das Beschleunigen von Berechnungen auf GPUs ausgelegt sind. Diese Tools bieten eine Abstraktionsebene, die es ermöglicht, die komplexen Parallelverarbeitungsfähigkeiten von GPUs effektiv zu nutzen, ohne dass vertieftes Wissen über die Hardware erforderlich ist.

Die Bedeutung von GPUs für das Training von KI-Modellen spiegelt sich auch in der rasanten Entwicklung spezialisierter Hardware für KI-Berechnungen wider. Unternehmen wie NVIDIA und AMD entwickeln ständig neue GPU-Modelle, die speziell für maschinelles Lernen und KI-Optimierungen konzipiert sind, um die Anforderungen moderner KI-Forschung und -Entwicklung zu erfüllen. Diese Entwicklungen umfassen nicht nur Verbesserungen in der Rechenleistung, sondern auch in der Energieeffizienz, was für das Training von immer komplexeren Modellen entscheidend ist.

Die Kombination aus fortgeschrittener Hardware, spezialisierter Software und der wachsenden Verfügbarkeit von KI-Trainingsdaten hat eine Ära eingeleitet, in der die Grenzen dessen, was mit maschinellem Lernen möglich ist, ständig erweitert werden. GPUs sind dabei ein zentraler Baustein, der diese Fortschritte ermöglicht, indem sie die notwendige Rechenleistung bereitstellen, um komplexe Modelle in praktikablen Zeiträumen zu trainieren. Dies hat nicht nur die Entwicklung in traditionellen Bereichen der KI beschleunigt, sondern auch innovative Anwendungen in Bereichen wie der Genomik, der Klimamodellierung und der Erkennung von Mustern in großen Datenmengen ermöglicht.

TPUs (Tensor Processing Units)

Tensor Processing Units (TPUs) sind eine Art von Anwendungs-spezifischen integrierten Schaltkreisen (ASICs), die von Google speziell für die Beschleunigung von maschinellem Lernen (ML) und künstlicher Intelligenz (KI)-Anwendungen entwickelt wurden.

Diese Chips repräsentieren einen bedeutenden Fortschritt in der Hardware-Technologie, der darauf abzielt, die Effizienz und Geschwindigkeit von ML-Modelltrainings und -inferenzen deutlich zu verbessern. TPUs sind ein Paradebeispiel für die Entwicklung von spezialisierter Hardware, die darauf ausgerichtet ist, die besonderen Anforderungen von KI-Berechnungen zu erfüllen.

Eines der Schlüsselmerkmale von TPUs ist ihre Fähigkeit, eine große Anzahl von Berechnungen parallel durchzuführen, was sie besonders effizient für die Verarbeitung von Tensor-Operationen macht. Tensoren sind mehrdimensionale Datenarrays, die eine zentrale

Rolle in den Algorithmen des maschinellen Lernens spielen, insbesondere in tiefen neuronalen Netzen. Durch die Optimierung auf diese Art von Berechnungen können TPUs ML-Modelle schneller trainieren und ausführen als allgemeine GPUs und CPUs, insbesondere für Anwendungen, die auf dem TensorFlow-Framework von Google basieren, das speziell für den effizienten Einsatz von TPUs angepasst wurde.

Die Architektur einer TPU ist darauf ausgelegt, hohe Durchsatzraten für ML-Operationen bei gleichzeitig niedrigem Energieverbrauch zu erreichen. Diese Effizienz macht TPUs besonders attraktiv für den Einsatz in Rechenzentren und Cloud-Computing-Umgebungen, wo sie das Rückgrat von Googles ML-Infrastruktur bilden. TPUs ermöglichen es, komplexe Modelle schneller zu trainieren und zu inferieren, was die Entwicklung und Implementierung von KI-Anwendungen beschleunigt.

Ein weiterer Vorteil von TPUs ist ihre Fähigkeit, mit präzisionsreduzierten Daten zu arbeiten, was bedeutet, dass sie Berechnungen mit einer geringeren numerischen Genauigkeit durchführen können, ohne erhebliche Auswirkungen auf die Leistung oder Genauigkeit des Endmodells. Diese Fähigkeit reduziert den Speicherbedarf und die Rechenlast, was zu schnelleren Berechnungen und einer effizienteren Nutzung der Hardware-Ressourcen führt.

Seit ihrer Einführung hat Google mehrere Generationen von TPUs entwickelt, jede mit Verbesserungen in Bezug auf Geschwindigkeit, Effizienz und Funktionalität. Diese Entwicklungen spiegeln die wachsende Bedeutung von spezialisierter Hardware für KI-Anwendungen wider und unterstreichen die Investitionen der Technologiebranche in die Forschung und Entwicklung von Lösungen, die die Grenzen dessen, was mit KI möglich ist, weiter verschieben.

In der Praxis werden TPUs in einer Vielzahl von Anwendungen eingesetzt, von der Sprachverarbeitung und Bilderkennung bis hin zu Empfehlungssystemen und fortgeschrittenen analytischen Werkzeugen. Ihre Einführung hat zu deutlichen Verbesserungen in der Effizienz und Zugänglichkeit von KI-Technologien geführt, indem sie Unternehmen und Entwicklern leistungsfähige Tools an die Hand geben, um innovative Lösungen zu entwickeln und umzusetzen.

Tensor Processing Units (TPUs) sind für ihre außergewöhnliche Fähigkeit bekannt, schnell und effizient Tensor-Operationen durchzuführen, die für Deep Learning und maschinelles Lernen zentral sind. Diese spezialisierten Chips sind so konzipiert, dass sie eine hohe Durchsatzrate bei gleichzeitig geringer Latenz bieten, was sie besonders vorteilhaft für die Anwendung von trainierten Modellen (Inferenz) und das Training von Deep-Learning-Modellen macht. Ihre Optimierung auf Tensor-Operationen ermöglicht es TPUs, Berechnungen, die in Deep Learning Algorithmen üblich sind, schneller auszuführen als herkömmliche Prozessoren wie CPUs und GPUs. Dies hat bedeutende Auswirkungen auf die

Effizienz und Geschwindigkeit von KI-Anwendungen und -Diensten.

Einer der Hauptvorteile von TPUs in der Inferenzphase ist ihre Fähigkeit, die Antwortzeiten zu minimieren. Dies ist besonders wichtig für interaktive Anwendungen, bei denen schnelle Reaktionszeiten entscheidend für die Benutzererfahrung sind, wie z.B. in der Spracherkennung, Bilderkennung und in Echtzeit-Übersetzungsdiensten. Die geringe Latenz von TPUs ermöglicht es, komplexe Modelle in Echtzeit anzuwenden, was die Leistungsfähigkeit und Reaktionsfähigkeit von Diensten wie Google Suche, Gmail und Google Photos erheblich verbessert.

Beim Training von Deep-Learning-Modellen bieten TPUs ebenfalls nachhaltige Vorteile. Ihre Architektur ermöglicht es, eine große Menge an Daten parallel zu verarbeiten, was die Zeit, die für das Training von Modellen benötigt wird, erheblich reduziert. Dies ist von unschätzbarem Wert in einem Feld, das von schnellen Innovationszyklen und der Notwendigkeit, ständig größere und komplexere Modelle zu trainieren, geprägt ist. Die Fähigkeit von TPUs, effizient mit präzisionsreduzierten Daten zu arbeiten, trägt weiter dazu bei, die Rechenressourcen zu optimieren und ermöglicht es Forschern und Entwicklern, experimentelle Ansätze schneller zu iterieren und zu skalieren.

Ein weiterer wichtiger Vorteil von TPUs ist ihre Energieeffizienz. Bei der Verarbeitung großer Datensätze oder dem Training komplexer Modelle können die

Energiekosten hoch sein. TPUs sind so konzipiert, dass sie eine höhere Rechenleistung bei niedrigerem Energieverbrauch bieten, was nicht nur die Kosten senkt, sondern auch den ökologischen Fußabdruck von Rechenzentren reduziert. Diese Effizienz macht TPUs besonders attraktiv für den Einsatz in Cloud-Computing-Umgebungen, wo Ressourcen und Energieverbrauch sorgfältig verwaltet werden müssen.

Insgesamt sind TPUs ein entscheidender Faktor in Googles Infrastruktur geworden, der es ermöglicht, KI-Dienste und -Anwendungen auf eine Weise zu beschleunigen und zu skalieren, die mit herkömmlicher Hardware nicht möglich wäre. Ihre Entwicklung spiegelt die wachsende Bedeutung von spezialisierter Hardware für die KI-Forschung und -Anwendung wider und unterstreicht die Notwendigkeit, Rechenressourcen zu optimieren, um die Grenzen dessen, was mit Technologie möglich ist, weiter zu verschieben.

FPGAs (Field-Programmable Gate Arrays)

Field-Programmable Gate Arrays (FPGAs) sind eine besondere Art von integrierten Schaltungen, die eine flexible und leistungsstarke Lösung für eine Vielzahl von Anwendungen bieten.

Im Gegensatz zu herkömmlichen integrierten Schaltungen, die während der Herstellung mit einer festen Funktion entworfen werden, können FPGAs nach der Herstellung vom Endbenutzer oder Designer konfiguriert werden. Diese Flexibilität erlaubt es, FPGAs für spezifische Anwendungen oder Aufgaben maßzuschneidern, was sie zu einem vielseitigen Werkzeug in der Elektronik- und Computertechnik macht.

Die programmierbare Natur von FPGAs basiert auf einer Matrix von logischen Blöcken und einer Vielzahl von rekonfigurierbaren Verbindungen, die es ermöglichen, komplexe digitale Schaltungen zu erstellen. Nutzer können diese logischen Blöcke und Verbindungen durch das Laden einer Konfigurationsdatei (oft als Bitstream bezeichnet) anpassen, um praktisch jede gewünschte logische Funktion oder digitale Schaltung zu realisieren. Diese Flexibilität macht FPGAs besonders attraktiv für die Prototypenentwicklung, da sie es Entwicklern ermöglichen, Designs schnell zu iterieren und anzupassen, ohne neue Hardware herstellen zu müssen.

Ein weiterer Vorteil von FPGAs ist ihre Fähigkeit zur parallelen Verarbeitung, was sie für Anwendungen, die hohe Verarbeitungsgeschwindigkeiten erfordern, wie z.B. Signalverarbeitung, Kryptographie und sogar bestimmte Arten von maschinellem Lernen und Datenverarbeitungsaufgaben, geeignet macht. Im Gegensatz zu CPUs, die Instruktionen sequenziell verarbeiten, können FPGAs mehrere Berechnungen gleichzeitig durchführen, was zu einer erheblichen Beschleunigung bestimmter Prozesse führen kann.

Darüber hinaus bieten FPGAs Vorteile in Bezug auf Energieeffizienz und Latenz. Da FPGAs speziell für eine Aufgabe konfiguriert werden können, ist es möglich, sehr effiziente Designs zu erstellen, die weniger Energie verbrauchen als allgemeine Prozessoren für dieselbe Aufgabe. Ebenso kann die direkte Implementierung von Algorithmen auf der Hardwareebene die Latenz reduzieren, die bei der Verarbeitung von Daten in Echtzeitanwendungen entscheidend sein kann.

Trotz dieser Vorteile haben FPGAs auch Nachteile, wie z.B. die Komplexität der Programmierung und die anfänglichen Kosten. Das Design und die Optimierung von FPGA-basierten Systemen erfordern spezielles Wissen und Werkzeuge, was die Einstiegshürden erhöhen kann. Außerdem sind die anfänglichen Hardwarekosten für FPGAs im Vergleich zu Massenproduktionschips höher, was sie für Endverbraucherprodukte weniger attraktiv machen kann.

In den letzten Jahren haben FPGAs jedoch an Popularität gewonnen, vor allem in der Telekommunikation, der Automobilindustrie, der Verteidigung und der Raumfahrt, sowie in Rechenzentren und bei der Beschleunigung von Cloud-Computing-Diensten. Ihre Anpassungsfähigkeit und Leistung machen sie zu einem wichtigen Werkzeug für Designer und Ingenieure, die an der Spitze der Technologieentwicklung arbeiten.

Die hohe Flexibilität und Anpassungsfähigkeit von FPGAs machen sie zu einer attraktiven Option für maßgeschneiderte KI-Anwendungen, insbesondere in Szenarien, in denen die Verarbeitungsanforderungen präzise angepasst werden müssen. Diese Fähigkeit zur Feinabstimmung auf spezifische Aufgaben bietet erhebliche Vorteile in Bezug auf die Effizienz und Leistung von KI-Systemen, insbesondere im Vergleich zu mehr generalisierten Rechenlösungen wie GPUs und TPUs.

Einer der Hauptvorteile von FPGAs in KI-Anwendungen liegt in ihrer Energieeffizienz. FPGAs können so konfiguriert werden, dass sie nur die notwendigen Operationen für eine bestimmte Aufgabe ausführen, ohne die für generalisierte Prozessoren typischen Overheads. Diese direkte Anpassung an die Aufgabe ermöglicht es FPGAs, äußerst energieeffizient zu arbeiten, was in Umgebungen mit Energiebeschränkungen oder in Anwendungen, bei denen Energieverbrauch ein kritischer Faktor ist, von entscheidender Bedeutung sein kann. Darüber hinaus ermöglicht die Möglichkeit, Algorithmen direkt auf der Hardwareebene zu implementieren, eine weitere Reduzierung der Energieverbrauch und Verbesserung der Gesamtperformanz.

Die Anpassungsfähigkeit von FPGAs ist ein weiterer Vorteil. Entwickler können FPGAs genau für die Bedürfnisse ihrer KI-Anwendungen programmieren, was bedeutet, dass sie für spezifische Aufgaben, wie etwa das Training von neuronalen Netzwerken oder die Durchführung von Inferenzen, optimiert werden können. Diese Spezialisierung kann FPGAs in bestimmten Anwendungsfällen effizienter machen als GPUs oder TPUs, die zwar für parallele Verarbeitungsaufgaben optimiert sind, aber möglicherweise nicht die gleiche Effizienz bei spezifischen KI-Operationen erreichen.

Ein weiterer wichtiger Aspekt ist die Fähigkeit von FPGAs, dynamisch rekonfiguriert zu werden, um verschiedene Aufgaben zu unterstützen, ohne die Notwendigkeit physischer Eingriffe oder der Ersetzung von Hardware. Diese Flexibilität ermöglicht es, dieselbe FPGA-Ressource für eine breite Palette von Aufgaben zu nutzen, was die Investitionskosten amortisiert und die Vielseitigkeit der Hardware erhöht.

In bestimmten Szenarien können FPGAs auch Vorteile in Bezug auf die Latenz bieten. Da sie für spezifische Algorithmen optimiert werden können, ermöglichen sie potenziell schnellere Verarbeitungszeiten im Vergleich zu GPUs und TPUs, besonders in Anwendungen, die eine Echtzeit-Datenverarbeitung erfordern.

Trotz dieser Vorteile gibt es Herausforderungen beim Einsatz von FPGAs, einschließlich der Komplexität der Programmierung und der Notwendigkeit spezialisierter Kenntnisse, um ihre volle Leistungsfähigkeit auszuschöpfen. Dennoch, für Anwendungen, die eine hohe Energieeffizienz, spezifische Verarbeitungsanforderungen oder die Flexibilität zur dynamischen Anpassung an unterschiedliche Aufgaben erfordern, bieten FPGAs eine leistungsstarke und anpassungsfähige Lösung, die sie zu einer wertvollen Ressource in der Landschaft der KI-Hardware macht.

Die Evolution moderner Chips für KI-Anwendungen

Die Evolution moderner Chips für Künstliche Intelligenz markiert einen bemerkenswerten Abschnitt in der Geschichte der Computertechnologie, geprägt von einer stetigen Anpassung an wachsende Anforderungen und Komplexitäten von KI-Anwendungen. Diese Entwicklung spiegelt den Übergang von der Nutzung universeller Recheneinheiten, wie CPUs, zu einer vielfältigen Palette spezialisierter Prozessoren wider, die jeweils auf bestimmte Aspekte der KI-Berechnung zugeschnitten sind. Diese Spezialisierung ist eine Antwort auf die exponentiell steigenden Datenmengen und die zunehmende Komplexität der Berechnungen, die für fortschrittliche KI-Modelle erforderlich sind.

Geschichte der Hardware-Entwicklung speziell für KI-Anwendungen.

Die Geschichte der Hardware-Entwicklung speziell für KI-Anwendungen ist eng mit den Fortschritten in der künstlichen Intelligenz selbst verwoben. Diese Entwicklungsgeschichte spiegelt nicht nur den technologischen Fortschritt wider, sondern auch das wachsende Bedürfnis nach spezialisierter Hardware, um den immer anspruchsvolleren Anforderungen von KI-Systemen gerecht zu werden.

In den frühen Tagen der KI-Forschung in den 1950er und 1960er Jahren lag der Fokus hauptsächlich auf theoretischen und algorithmischen Grundlagen, wobei die verfügbare Hardware weitgehend auf allgemeine Computer beschränkt war. Diese frühen Computer waren in ihrer Rechenkapazität stark begrenzt und nicht speziell für KI-Aufgaben konzipiert. Trotz dieser Einschränkungen legten Forscher wie Alan Turing und John McCarthy den Grundstein für das, was KI werden könnte, und stießen Diskussionen über Maschinenintelligenz und das Potenzial von Computern an, menschenähnliche Intelligenz zu simulieren.

Der eigentliche Wendepunkt in der Entwicklung KI-spezifischer Hardware kam jedoch erst viel später, mit dem Aufkommen von Grafikprozessoren (GPUs) in den 1990er Jahren. Obwohl GPUs ursprünglich für die Beschleunigung von Grafikanwendungen in Videospielen und visuellen Medien entwickelt wurden, entdeckten Forscher bald ihre Fähigkeit, parallele Datenverarbeitungsaufgaben effizient durchzuführen. Diese Entdeckung war besonders relevant für das maschinelle Lernen und Deep Learning, Bereiche der KI, die von der Fähigkeit profitieren, große Mengen von Daten simultan zu verarbeiten.

Mit der Veröffentlichung von CUDA (Compute Unified Device Architecture) durch NVIDIA im Jahr 2007 wurde es für Forscher einfacher, die parallele

Verarbeitungskapazität von GPUs für allgemeine Berechnungen (GPGPU - General-Purpose computing on Graphics Processing Units) zu nutzen. Dies ebnete den Weg für die massenhafte Adoption von GPUs in der KI-Forschung, da sie das Training von tiefen neuronalen Netzen, die Grundlage vieler moderner KI-Systeme, erheblich beschleunigten.

Google führte die nächste Generation spezialisierter KI-Hardware mit der Entwicklung der Tensor Processing Units (TPUs) ein, die 2016 der Öffentlichkeit vorgestellt wurden. TPUs wurden von Grund auf für hocheffiziente Tensor-Operationen konzipiert, die für maschinelles Lernen und Deep Learning essentiell sind. Ihre Einführung markierte einen beachtlichen Fortschritt in der Fähigkeit, komplexe KI-Modelle schneller und energieeffizienter zu trainieren und zu nutzen.

Parallel dazu haben sich Field-Programmable Gate Arrays (FPGAs) als eine flexible Alternative für maßgeschneiderte KI-Anwendungen etabliert. Ihre Rekonfigurierbarkeit ermöglicht es Entwicklern, die Hardware für spezifische KI-Aufgaben zu optimieren, was FPGAs besonders wertvoll für Anwendungen macht, in denen Standard-GPUs oder TPUs nicht optimal sind.

Die jüngsten Entwicklungen in der KI-Hardware zielen darauf ab, noch spezifischere und effizientere Lösungen für KI-Berechnungen anzubieten. Dazu gehören neuromorphe Chips, die versuchen, die neuronale Struktur des menschlichen Gehirns nachzubilden, um Energieeffizienz und Rechenleistung weiter zu steigern, und

Quantencomputer, die das Potenzial haben, die Landschaft der KI durch ihre Fähigkeit, komplexe Probleme in bisher unvorstellbaren Geschwindigkeiten zu lösen, zu revolutionieren.

Diese fortlaufende Evolution der KI-Hardware unterstreicht nicht nur den technologischen Fortschritt, sondern auch das ständige Streben nach effizienteren, leistungsfähigeren und anpassungsfähigeren Rechensystemen, um die Grenzen dessen, was mit KI möglich ist, zu erweitern und neue Horizonte in der Forschung und Anwendung künstlicher Intelligenz zu erschließen.

Spezialisierung und Optimierung: Von GPUs zu TPUs und darüber hinaus.

Die Evolution der Hardware für künstliche Intelligenz ist geprägt durch einen kontinuierlichen Trend zur Spezialisierung und Optimierung, der von der Entwicklung und Verbreitung von GPUs bis hin zu TPUs und darüber hinaus reicht. Diese Bewegung spiegelt das Bestreben wider, Hardwarelösungen zu schaffen, die nicht nur die wachsenden Anforderungen von KI-Workloads bewältigen, sondern auch die Effizienz und Leistungsfähigkeit dieser Systeme maximieren.

Die Geschichte beginnt mit der Erkenntnis, dass Grafikprozessoren (GPUs) aufgrund ihrer parallelen Verarbeitungsfähigkeit außerordentlich gut für maschinelles Lernen und insbesondere für das Training von tiefen neuronalen Netzen geeignet sind. GPUs, die ursprünglich für grafikintensive Anwendungen wie Videospiele entwickelt wurden, ermöglichen die simultane Ausführung tausender Berechnungen. Diese Fähigkeit erwies sich als entscheidend für das Beschleunigen von KI-Operationen, die ähnlich parallelisierbare Berechnungen beinhalten

Mit dem Aufkommen von Tensor Processing Units (TPUs) wurde die Spezialisierung der KI-Hardware auf die nächste Ebene gehoben. Von Google entwickelt und erstmals 2016 vorgestellt, sind TPUs speziell für die Beschleunigung von KI- und maschinellen Lernworkloads optimiert. Im Gegensatz zu GPUs, die für eine breite Palette von parallelen Berechnungen ausgelegt sind, konzentrieren sich TPUs auf die effiziente Ausführung von Tensor-Operationen, die im Deep Learning vorherrschend sind. Diese hochspezialisierten Chips bieten Vorteile in Bezug auf Durchsatz und Energieeffizienz für spezifische KI-Aufgaben, insbesondere beim Training und bei der Inferenz von KI-Modellen.

Der Weg der Spezialisierung und Optimierung hört bei TPUs nicht auf. Die Branche erforscht weiterhin neue Architekturen und Technologien, die noch effizienter mit den Herausforderungen von KI-Workloads umgehen können. Dazu gehören neuromorphe Chips, die die Arbeitsweise des menschlichen Gehirns nachahmen, um eine noch effizientere Verarbeitung von KI-Aufgaben zu ermöglichen, und Quantencomputer, die das Potenzial haben, bestimmte Arten von Problemen, die für traditionelle und selbst die fortschrittlichsten heutigen Computer unzugänglich sind, zu lösen.

Neuromorphe Chips versuchen, die Effizienz und Adaptivität neuronaler Netze im menschlichen Gehirn auf Hardwareebene zu replizieren, und könnten eine neue Ära der Energieeffizienz und Rechenleistung für KI-Anwendungen einläuten. Quantencomputer, obwohl sie sich noch in einem relativ frühen Entwicklungsstadium befinden, könnten bei bestimmten Aufgaben wie der Optimierung und Materialwissenschaft revolutionäre Durchbrüche erzielen.

Diese Entwicklungen unterstreichen ein fortwährendes Bestreben in der KI-Technologie: die Suche nach immer spezialisierterer und optimierterer Hardware, die in der Lage ist, die komplexen und datenintensiven Anforderungen moderner KI-Systeme effizient zu erfüllen. Während GPUs und TPUs bedeutende Meilensteine auf diesem Weg darstellen, weisen die kontinuierlichen Innovationen in diesem Bereich auf eine Zukunft hin, in der KI-Hardware zunehmend diversifiziert und an die spezifischen Bedürfnisse und Herausforderungen angepasst wird, die die nächste Generation von KI-Algorithmen und -Anwendungen mit sich bringt.

Obwohl die Integration von Künstlicher Intelligenz (KI) in Smartphones zahlreiche Vorteile und innovative Anwendungen mit sich bringt, stehen Entwickler und Nutzer gleichermaßen vor verschiedenen Herausforderungen und Grenzen. Diese betreffen sowohl technische

Aspekte als auch Fragen der Ethik, Sicherheit und Nutzerakzeptanz.

Fallstudien: KI auf Smartphones und die dazugehörigen Chips

Die Integration von Künstlicher Intelligenz in Smartphones hat eine Vielzahl von Anwendungen hervorgebracht, die die Nutzererfahrung auf innovative Weise verbessern. Einige Beispiele (ausführlicher im Kapitel „Smartphones als Plattform für KI-Anwendungen"):

- Fotografie und Bildverarbeitung: Moderne Smartphones nutzen KI, um die Fotografie zu revolutionieren.
- Persönliche Assistenten: Sprachgesteuerte persönliche Assistenten wie Siri, Google Assistant und Alexa haben die Art und Weise, wie Menschen mit ihren Smartphones interagieren, grundlegend verändert.
- Gesundheitsüberwachung: KI-gestützte Gesundheitsanwendungen auf Smartphones nutzen Sensoren und Datenanalyse, um Einblicke in die körperliche Verfassung des Nutzers zu geben.
- Sicherheitsfunktionen: KI verbessert auch die Sicherheit auf Smartphones, insbesondere durch biometrische Authentifizierungsverfahren wie Gesichtserkennung und Fingerabdruckscanner.
- Personalisierte Empfehlungen und Inhalte: KI wird eingesetzt, um Nutzervorlieben zu lernen

und personalisierte Inhalte wie Nachrichten, Musik oder Videoempfehlungen anzubieten. Analyse der zugrundeliegenden Chips und Hardware, die diese Anwendungen ermöglichen.

Die KI-Anwendungen in Smartphones werden durch eine fortschrittliche Hardware- und Chip-Technologie ermöglicht, die speziell für die effiziente Ausführung von KI- und maschinellen Lernalgorithmen entwickelt wurde. Diese Technologien umfassen spezialisierte Prozessoren, KI-Chips und Sensoren, die zusammenarbeiten, um die Rechenleistung, Energieeffizienz und Funktionalität zu liefern, die für moderne Smartphone-Anwendungen erforderlich sind.

Spezialisierte Prozessoren

Moderne Smartphones enthalten leistungsfähige Hauptprozessoren (CPUs), die für allgemeine Rechenaufgaben konzipiert sind, sowie Grafikprozessoren (GPUs), die aufgrund ihrer Fähigkeit zur parallelen Verarbeitung besonders gut für KI-Berechnungen geeignet sind. Diese Prozessoren können eine große Anzahl von Operationen gleichzeitig ausführen, was sie ideal für die Verarbeitung komplexer KI-Modelle macht.

Dedizierte KI-Chips

Die Integration von dedizierten KI-Chips oder Neural Processing Units (NPUs) in Smartphones ist ein bedeutender Fortschritt in der mobilen Technologie, der die Art und Weise, wie Geräte KI-bezogene Aufgaben verarbeiten, grundlegend verändert. Diese spezialisierten Chips sind darauf ausgelegt, Algorithmen des maschinellen Lernens und des tiefen Lernens direkt auf dem Smartphone effizient auszuführen, ohne die Notwendigkeit einer ständigen Verbindung zur Cloud. Diese Entwicklung ermöglicht es, KI-Anwendungen wie Sprach- und Bilderkennung, Echtzeit-Übersetzungen, Augmented Reality (AR) und vieles mehr direkt auf dem Gerät zu betreiben.

Die Vorteile Dedizierter KI-Chips sind:

- Beschleunigte Leistung: Durch die Optimierung auf KI-Berechnungen können dedizierte KI-Chips Aufgaben wie Bilderkennung, Sprachverarbeitung und andere KI-Anwendungen wesentlich schneller als herkömmliche Prozessoren ausführen. Dies führt zu einer spürbaren Beschleunigung von Anwendungen, die KI-Funktionen nutzen, und verbessert das Nutzererlebnis durch schnellere Reaktionszeiten.
- Verbesserte Energieeffizienz: KI-Chips sind nicht nur schneller, sondern auch energieeffizienter bei der Ausführung von KI-Aufgaben. Indem sie die für KI-Berechnungen notwendige Energie minimieren, tragen sie dazu bei, die Akkulaufzeit der Geräte zu verlängern. Dies ist besonders wichtig für energieintensive Anwendungen wie

kontinuierliche Sprachassistenten oder fortgeschrittene Kamerafunktionen.
- Datenschutz: Die Fähigkeit, KI-bezogene Aufgaben direkt auf dem Gerät zu verarbeiten, minimiert die Notwendigkeit, persönliche Daten zur Verarbeitung an externe Server oder in die Cloud zu senden. Dies reduziert die Datenschutzbedenken und erhöht die Sicherheit der Nutzerdaten, da sensible Informationen das Gerät nicht verlassen müssen.

Beispiele für KI-Chips in Smartphones

Apples Neural Engine

Apples Neural Engine ist ein integraler Bestandteil der A-Serie Chips, die in iPhones und anderen Apple-Geräten zu finden sind. Diese spezialisierte KI-Hardware wurde entwickelt, um die Effizienz und Leistung von maschinellen Lernoperationen auf dem Gerät drastisch zu verbessern. Durch die Integration der Neural Engine in die A-Serie Chips ist Apple in der Lage, fortschrittliche Funktionen anzubieten, die tiefes Lernen und künstliche Intelligenz direkt auf dem Smartphone nutzen, ohne auf externe Server angewiesen zu sein.

Funktionen und Anwendungen:

- Gesichtserkennung durch Face ID: Die vielleicht bekannteste Anwendung der Neural Engine ist Apples Face ID-Technologie, die eine sichere biometrische Authentifizierung ermöglicht. Face ID nutzt eine detaillierte Tiefenkarte des Gesichts des Benutzers, die durch maschinelles Lernen erstellt wird, um eine sichere und genaue Gesichtserkennung zu gewährleisten. Diese Technologie ermöglicht es Benutzern, ihr Gerät zu entsperren, Zahlungen zu autorisieren und auf sensible Anwendungen zuzugreifen, indem sie einfach in die Kamera schauen. Die Neural Engine verarbeitet diese Daten mit hoher Geschwindigkeit und Effizienz, um eine nahtlose Benutzererfahrung zu gewährleisten.

- Animierte Emojis (Animojis): Ein weiteres Highlight ist die Fähigkeit, Animojis zu erstellen und zu verwenden. Animojis sind animierte Emojis, die die Mimik des Benutzers in Echtzeit erfassen und nachahmen. Die Neural Engine analysiert mehr als 50 verschiedene Muskeln im Gesicht des Benutzers, um Emojis zu animieren, die Lachen, Stirnrunzeln, Nicken und andere Gesichtsausdrücke in Echtzeit widerspiegeln. Dieses Feature nutzt die fortschrittlichen maschinellen Lernfähigkeiten der Neural Engine, um eine neue Form der digitalen Expression zu ermöglichen.
- Verbesserte Kamerafunktionen: Die Kamerafunktionen von iPhones haben durch die Nutzung der Neural Engine nachhaltige Verbesserungen erfahren. Die Engine unterstützt fortschrittliche Bildverarbeitungsfunktionen wie

den Porträtmodus, der einen Tiefeneffekt erzeugt, indem er das Subjekt scharf stellt, während der Hintergrund unscharf bleibt. Ebenso ermöglicht sie Funktionen wie Smart HDR, das mehrere Fotos zu einem einzigen Bild mit optimiertem Dynamikumfang und Detailgenauigkeit zusammenführt. Diese Prozesse erfordern intensive KI-Berechnungen, die dank der Neural Engine effizient auf dem Gerät ausgeführt werden können.

Die Integration der Neural Engine in die A-Serie Chips bedeutet, dass KI-verarbeitende Aufgaben lokal auf dem Gerät und mit außergewöhnlicher Geschwindigkeit durchgeführt werden können. Dies bietet mehrere Vorteile, darunter verbesserte Privatsphäre und Sicherheit, da Daten nicht an externe Server gesendet werden müssen. Zudem führt die effiziente Verarbeitung zu einer längeren Batterielaufzeit und einer insgesamt schnelleren Leistung des Geräts. Mit jeder neuen Generation der A-Serie Chips und ihrer integrierten Neural Engine setzt Apple neue Maßstäbe in der Smartphone-Technologie, indem es die Möglichkeiten maschinellen Lernens und künstlicher Intelligenz weiter ausbaut.

Googles Tensor Processing Unit (TPU)

Googles Einsatz der Tensor Processing Unit (TPU) in Pixel-Smartphones ist ein markantes Beispiel dafür, wie dedizierte KI-Hardware die Funktionalität und das Nutzererlebnis von mobilen Geräten verbessern kann.

Ursprünglich für den Einsatz in Rechenzentren entwickelt, um die Leistung von maschinellem Lernen und KI-Anwendungen zu steigern, hat Google die TPU-Technologie angepasst, um sie in seine Pixel-Smartphones zu integrieren. Diese Anpassung ermöglicht es den Geräten, anspruchsvolle KI- und maschinelle Lernprozesse direkt auf dem Gerät auszuführen, ohne eine ständige Verbindung zu Cloud-basierten Rechenressourcen zu benötigen.

- Verbesserte Kamerafunktionen: Eines der herausragenden Merkmale der Pixel-Smartphones ist ihre Kamera. Die Integration der TPU ermöglicht es, fortschrittliche Bildverarbeitungsalgorithmen direkt auf dem Gerät auszuführen. Dies führt zu Funktionen wie dem Night Sight-Modus, der beeindruckende Aufnahmen bei schwachem Licht ohne Blitz ermöglicht, indem er KI-gesteuerte Algorithmen nutzt, um die Bildhelligkeit und -qualität zu verbessern. Weitere Kamerafunktionen, die von der TPU profitieren, sind der Porträtmodus, der ein Bokeh-Effekt erzeugt, indem er das Subjekt scharf stellt und den Hintergrund unscharf macht, und die HDR+-Funktion, die den Dynamikumfang und die Detailgenauigkeit von Fotos verbessert.
- Sprachverarbeitung: Die TPU verbessert auch die Sprachverarbeitungsfähigkeiten der Pixel-Smartphones. Dies umfasst die Spracherkennung, die für Funktionen wie den Google

Assistant von entscheidender Bedeutung ist, sowie die Fähigkeit, Sprachbefehle schnell und genau zu verarbeiten. Die On-Device-Verarbeitung ermöglicht eine schnellere Reaktionszeit des Assistants und erhöht die Privatsphäre, indem weniger Daten zur Verarbeitung in die Cloud gesendet werden müssen.

- Personalisierte Nutzererfahrungen: Darüber hinaus ermöglicht die TPU personalisierte Nutzererfahrungen, indem sie das Gerät anpasst und optimiert, basierend auf dem Verhalten und den Vorlieben des Benutzers. Dies kann von der Anpassung von Benachrichtigungen und Vorschlägen bis hin zur Optimierung der Batterielaufzeit reichen, indem gelernt wird, welche Apps und Dienste am häufigsten genutzt werden und wie Energie am besten gespart werden kann.
- Datenschutz und Sicherheit: Ein wesentlicher Vorteil der Verarbeitung von KI-Aufgaben direkt auf dem Gerät ist die Verbesserung von Datenschutz und Sicherheit. Indem persönliche Daten wie Fotos, Sprachaufnahmen und Nutzerverhalten auf dem Gerät verarbeitet und gespeichert werden, reduziert sich das Risiko, dass diese sensiblen Informationen kompromittiert werden könnten.

Die Integration der Tensor Processing Unit in Pixel-Smartphones zeigt, wie dedizierte KI-Chips nicht nur die Leistung und Effizienz von mobilen Geräten verbessern können, sondern auch völlig neue Funktionen und Anwendungen ermöglichen, die das Nutzererlebnis bereichern. Google setzt mit seinen Pixel-Smartphones einen Standard für die Nutzung von KI in mobilen Geräten, indem es leistungsstarke Hardware mit innovativer Software kombiniert, um beeindruckende Ergebnisse zu erzielen.

Huaweis Kirin-Chipsatz mit NPU

Huawei hat sich durch die Integration dedizierter Neural Processing Units (NPUs) in seine Kirin-Chipsätze als Vorreiter in der Verwendung von spezialisierter KI-Hardware in Smartphones etabliert.

Diese strategische Entscheidung ermöglicht es Huawei-Geräten, anspruchsvolle KI-basierte Aufgaben direkt auf dem Smartphone mit einer Effizienz und Geschwindigkeit auszuführen, die zuvor nicht möglich waren. Durch die Optimierung der Kirin-Chipsätze für KI-Anwendungen bietet Huawei Nutzern verbesserte Funktionen und eine insgesamt bessere Leistung, insbesondere in den Bereichen Kamera, Sprachübersetzung und Energieverwaltung.

- KI-gesteuerte Kamerafunktionen: Einer der bemerkenswertesten Vorteile der NPU in Huaweis Kirin-Chipsätzen ist die Verbesserung der Kamerafunktionen. Die Szenenerkennung, ermöglicht durch maschinelles Lernen, kann verschiedene Objekte und Szenarien – wie Landschaften,

Porträts, Tiere oder Lebensmittel – identifizieren und die Kameraeinstellungen automatisch anpassen, um die bestmögliche Aufnahme zu erzielen. Dies umfasst Anpassungen wie Belichtung, Sättigung und sogar die Anwendung von spezifischen Filtern, um das Foto visuell zu verbessern. Die Fähigkeit, Einstellungen in Echtzeit anzupassen, basierend auf dem, was die Kamera "sieht", revolutioniert die mobile Fotografie und ermöglicht selbst Amateurfotografen, professionell wirkende Fotos zu machen.
- Echtzeit-Sprachübersetzungen: Die NPU trägt auch zur Fähigkeit der Huawei-Geräte bei, Echtzeit-Sprachübersetzungen durchzuführen. Diese Funktion ist besonders nützlich für Reisende und Geschäftsleute, die in fremden Ländern kommunizieren müssen, ohne die Sprache zu beherrschen. Die On-Device-Verarbeitung gewährleistet nicht nur eine schnelle und flüssige Übersetzung, sondern verbessert auch die Privatsphäre, da die Sprachdaten nicht an externe Server gesendet werden müssen.
- Optimierung des Energieverbrauchs: Ein weiterer großer Vorteil der Integration einer NPU in den Kirin-Chipsatz ist die Optimierung des Energieverbrauchs. KI-Algorithmen können das Nutzerverhalten lernen und vorhersagen, welche Apps und Funktionen am häufigsten verwendet werden, um Energiemanagementstrategien anzupassen. Dies kann beispielsweise

durch das Herunterfahren von selten genutzten Apps oder Funktionen erfolgen, um die Batterielaufzeit zu verlängern. Die Fähigkeit, den Energieverbrauch intelligent zu steuern, ist besonders wichtig in einer Zeit, in der die Bildschirmzeit und die Nutzung mobiler Daten stetig zunehmen.

Huaweis Integration einer dedizierten NPU in die Kirin-Chipsätze demonstriert das Engagement des Unternehmens, die Grenzen der mobilen Technologie zu erweitern und Nutzern leistungsstarke, KI-gestützte Funktionen zur Verfügung zu stellen. Durch die Lokalisierung der KI-Verarbeitung auf dem Gerät verbessern die Kirin-Chipsätze nicht nur die Geschwindigkeit und Effizienz von KI-Aufgaben, sondern tragen auch zur Datensicherheit und Energieeffizienz bei. Diese Entwicklungen unterstreichen die zunehmende Bedeutung von spezialisierter KI-Hardware in der Evolution der Smartphone-Technologie und setzen neue Standards für das, was von mobilen Geräten erwartet wird.

Die Integration von dedizierten KI-Chips in Smartphones ist insgesamt ein klares Signal dafür, wie KI die mobile Technologie transformiert. Sie ermöglicht nicht nur neue und verbesserte Funktionen, die das Nutzererlebnis bereichern, sondern adressiert auch wichtige Anliegen wie Datenschutz und Energieeffizienz. Mit fortschreitender Entwicklung in der KI-Technologie ist zu erwarten, dass zukünftige Smartphone-Generationen noch leistungsfähigere und spezialisierte KI-Chips integrieren werden, die neue Möglichkeiten für mobile Anwendungen und Dienste eröffnen.

Sensoren und andere Hardware-Komponenten

Neben Prozessoren und KI-Chips spielen Sensoren eine entscheidende Rolle bei der Ermöglichung von KI-Anwendungen auf Smartphones. Kameras, Mikrofone, Beschleunigungsmesser, Gyroskope und andere Sensoren erfassen eine Vielzahl von Daten, die als Input für KI-Algorithmen dienen. Diese Sensoren ermöglichen Funktionen wie Gesichtserkennung, Sprachassistenten, Gesundheitsüberwachung und kontextbezogene Informationen, indem sie kontinuierlich Informationen über die Umgebung und den Nutzer sammeln.

Optimierungen auf Softwareebene

Um die Leistung der Hardware voll auszuschöpfen, arbeiten Smartphone-Hersteller und Entwickler auch an Softwareoptimierungen, wie maschinelles Lernen-Frameworks und Betriebssystem-Integrationen, die speziell auf die Hardware abgestimmt sind. Diese Softwaretools und -bibliotheken ermöglichen es Entwicklern, KI-Funktionen effizient zu implementieren und zu nutzen, indem sie die Kommunikation zwischen der Anwendungssoftware und der Hardware vereinfachen.

Die Kombination aus spezialisierten Prozessoren, dedizierten KI-Chips, fortschrittlichen Sensoren und Softwareoptimierungen bildet das Fundament für die fortschrittlichen KI-Anwendungen, die in modernen Smartphones zu finden sind. Diese technologischen Fortschritte ermöglichen es Smartphones, immer komplexere Aufgaben zu übernehmen und bieten Nutzern eine immer reichhaltigere und nahtlosere Erfahrung. Während die Hardware weiterhin verbessert wird, können wir mit noch innovativeren KI-basierten Funktionen und Anwendungen rechnen, die das Potenzial haben, unsere Interaktion mit mobilen Geräten grundlegend zu verändern.

Zukünftige Trends und Innovationen

Die zukünftige Entwicklung von KI-Chips und deren Einfluss auf Smartphone-Technologien verspricht, die Grenzen dessen, was mobile Geräte leisten können, weiter zu verschieben. Diese Entwicklung wird voraussichtlich von einer Reihe von Trends und Innovationen geprägt sein, die nicht nur die Leistung und Effizienz verbessern, sondern auch neue Anwendungsmöglichkeiten für Künstliche Intelligenz in der mobilen Welt eröffnen.

Weiterentwicklung spezialisierter KI-Chips

Die Fokussierung auf energieeffiziente, leistungsstarke KI-Chips wird sich fortsetzen, da Chip-Hersteller danach streben, die Rechenleistung zu steigern und gleichzeitig den Energieverbrauch zu minimieren. Wir können mit einer zunehmenden Integration von KI-Chips rechnen, die noch besser auf spezifische KI- und maschinelle Lern-Workloads zugeschnitten sind. Diese Entwicklung wird es Smartphones ermöglichen, noch komplexere KI-Modelle direkt auf dem Gerät auszuführen, was zu schnelleren und personalisierteren Nutzererfahrungen führt, ohne die Privatsphäre zu gefährden.

Verbesserung der Energieeffizienz

Angesichts des begrenzten Akkus in Smartphones wird die Optimierung der Energieeffizienz von KI-Chips ein zentrales Anliegen bleiben. Fortschritte in der Chip-Technologie, wie die Verwendung fortschrittlicherer Fertigungsprozesse und Architekturen, die speziell für geringen Energieverbrauch entwickelt wurden, werden dazu beitragen, die Akkulaufzeit zu verlängern und gleichzeitig leistungsstarke KI-Funktionen zu unterstützen.

Integration von KI in alle Aspekte der Smartphone-Technologie

Die Integration von KI-Chips in Smartphones markiert einen Wendepunkt in der Evolution mobiler Technologien. Diese Entwicklung verspricht nicht nur eine Verbesserung bestehender Funktionen, sondern auch die Einführung ganz neuer Möglichkeiten, die das Nutzererlebnis grundlegend verändern könnten. KI-Chips bieten die notwendige Rechenleistung direkt auf dem Gerät, um komplexe Algorithmen effizient auszuführen, ohne auf eine Verbindung zu externen Servern angewiesen zu sein. Dies eröffnet eine Welt voller Möglichkeiten für Smartphone-Hersteller und App-Entwickler, um innovative Funktionen zu implementieren, die bisher nicht realisierbar waren.

- Verbesserte Benutzeroberfläche und Gestensteuerung: Mit KI-Chips können Smartphones lernen und sich an die Vorlieben und Gewohnheiten ihrer Nutzer anpassen, um eine personalisierte und intuitive Benutzeroberfläche zu schaffen. Dies könnte bedeuten, dass Apps und

Einstellungen basierend auf dem Kontext und der Tageszeit automatisch angepasst werden, um die Nutzererfahrung zu optimieren. Ebenso könnte die Gestensteuerung durch die KI verbessert werden, indem sie die Absichten des Nutzers genauer interpretiert und so eine flüssigere Interaktion mit dem Gerät ermöglicht.

- Fortgeschrittene Sicherheitsfunktionen: KI-Chips verstärken die Sicherheitsmerkmale von Smartphones, indem sie biometrische Daten präziser analysieren und so die Erkennungsgenauigkeit von Funktionen wie Gesichtserkennung und Fingerabdruckscannern verbessern. Darüber hinaus könnten KI-gestützte Sicherheitssysteme ungewöhnliche oder verdächtige Aktivitäten auf dem Gerät erkennen und proaktiv Maßnahmen ergreifen, um Datenverletzungen zu verhindern.
- Adaptives Energiemanagement: Durch die Analyse der Nutzungsdaten und -muster kann KI das Energiemanagement von Smartphones revolutionieren. KI-Chips ermöglichen es dem Gerät, den Energieverbrauch zu optimieren, indem sie die Leistung von Apps und Funktionen basierend auf der tatsächlichen Nutzung anpassen. Dies könnte eine längere Batterielaufzeit und effizientere Ladeprozesse bedeuten, wodurch die Gesamtzufriedenheit der Nutzer mit ihrem Gerät gesteigert wird.

- Verbesserte Konnektivität und Ökosystem-Integration: KI-Chips könnten auch die Art und Weise verändern, wie Smartphones mit anderen Geräten und Diensten interagieren. Durch die Verarbeitung von Daten in Echtzeit können KI-gestützte Smartphones eine nahtlose Konnektivität und Interaktion mit einem breiten Spektrum von Geräten wie Smart Home-Systemen, Fahrzeugen und Wearables bieten. Dies würde nicht nur die Benutzererfahrung innerhalb des vernetzten Ökosystems verbessern, sondern auch neue Möglichkeiten für die Automatisierung und Personalisierung über Gerätegrenzen hinweg eröffnen.

Edge-Computing und die Rolle der Cloud

Die Verlagerung von KI-Anwendungen von zentralisierten Cloud-Servern hin zu einer dezentralisierten Verarbeitung direkt auf Endgeräten, bekannt als KI am Edge oder Edge AI, markiert eine transformative Entwicklung in der zukünftigen Implementierung und Nutzung von KI-Technologien. Diese Bewegung bringt KI-Algorithmen näher an die Quelle der Datenerfassung – also direkt auf Smartphones, IoT-Geräte und andere Edge-Geräte – und wird durch eine Kombination von technologischen, sicherheitsbezogenen und praktischen Faktoren vorangetrieben.

Einer der Haupttreiber dieser Entwicklung ist der erhebliche Fortschritt in der Halbleitertechnologie, der zu leistungsfähigeren und gleichzeitig energieeffizienten Prozessoren geführt hat. Diese Prozessoren sind in der Lage, komplexe KI-Algorithmen lokal auf dem Gerät zu verarbeiten, ohne dass eine Verbindung zu entfernten Cloud-Servern notwendig ist. Spezialisierte KI-Chips, die in moderne Smartphones und Edge-Geräte integriert werden, ermöglichen eine schnelle und effiziente Datenverarbeitung direkt am Entstehungsort der Daten.

Ein weiterer entscheidender Faktor für die Verlagerung hin zur Edge AI ist das zunehmende Bewusstsein für Datenschutz und Sicherheit. Indem Daten direkt auf dem Gerät verarbeitet werden, bleiben persönliche Informationen geschützt, und das Risiko von Datenschutzverletzungen durch die Übertragung sensibler Daten über das Internet wird minimiert. Dies stärkt das Vertrauen der Nutzer in die Technologie und fördert deren Akzeptanz.

Die Reduktion der Latenzzeit ist ein weiterer bedeutender Vorteil der Edge AI. Indem die Notwendigkeit entfällt, Daten zur Analyse an einen entfernten Server zu senden und auf eine Antwort zu warten, können Edge-Geräte in Echtzeit reagieren. Dies ist insbesondere für Anwendungen kritisch, die schnelle Entscheidungen erfordern, wie beispielsweise autonome Fahrzeuge oder medizinische Überwachungsgeräte.

Zudem verbessert die Edge AI die Verfügbarkeit von KI-Anwendungen, da die Geräte unabhängig von einer Internetverbindung funktionieren können. Dies erweitert die Einsatzmöglichkeiten von KI in Gebieten mit schlechter Netzabdeckung oder in Situationen, in denen eine Verbindung nicht zuverlässig hergestellt werden kann.

Trotz dieser zahlreichen Vorteile stehen Entwickler und Anwender vor Herausforderungen. Die begrenzten Ressourcen von Edge-Geräten in Bezug auf Rechenleistung, Speicher und Energiekapazität stellen Einschränkungen dar, die es zu überwinden gilt. Außerdem erfordert das Management und die Wartung von KI-Modellen auf einer Vielzahl verteilter Geräte einen erheblichen Aufwand, um Konsistenz und Sicherheit zu gewährleisten. Schließlich erfordert die Optimierung von KI-Modellen für den Betrieb auf ressourcenbeschränkter Hardware spezielles Know-how und angepasste Entwicklungswerkzeuge.

Insgesamt repräsentiert KI am Edge einen Paradigmenwechsel, der die Art und Weise, wie Geräte Daten verarbeiten und darauf reagieren, neu definiert. Diese Entwicklung verspricht eine Ära intelligenter, autonomer und datenschutzfreundlicher Anwendungen einzuleiten, die das Potenzial haben, unser Verständnis und unsere Interaktion mit Technologie grundlegend zu verändern. Trotz bestehender Herausforderungen sind die Vorteile der Edge AI deutlich, und ihre fortschreitende Integration in Alltagsgeräte wird weiterhin neue und innovative Anwendungsmöglichkeiten eröffnen.

Neue Materialien und Fertigungstechniken

Die Forschung im Bereich der Künstlichen Intelligenz und der dazugehörigen Hardware entwickelt sich rasant und umfasst weit mehr als nur die Optimierung existierender Chip-Architekturen. Ein wesentlicher Forschungsschwerpunkt liegt auf der Entwicklung neuer Materialien und Fertigungstechniken, die das Potenzial haben, die nächste Generation von KI-Chips zu revolutionieren. Diese Innovationen zielen darauf ab, Chips zu schaffen, die nicht nur in ihrer Verarbeitungsgeschwindigkeit und Kapazität überlegen sind, sondern auch in ihrer Größe und Energieeffizienz neue Maßstäbe setzen.

Die Forschung an neuen Materialien spielt eine zentrale Rolle bei der Überwindung der physikalischen Grenzen von Silizium-basierten Halbleitern, die seit Jahrzehnten die Grundlage der Chip-Technologie bilden. Materialien wie Graphen oder Molybdändisulfid ($MoS2$) stehen im Fokus, da sie über außergewöhnliche elektronische, thermische und mechanische Eigenschaften verfügen, die sie potenziell überlegen machen. Diese Materialien könnten die Grundlage für Chips bilden, die bei gleichbleibender Leistung dünner, flexibler und energieeffizienter sind.

Parallel zu den Materialinnovationen werden auch in der Fertigungstechnik bedeutende Fortschritte gemacht. Die Entwicklung neuer Methoden wie die 3D-Integration, bei der mehrere Chip-Layer übereinander gestapelt werden, ermöglicht eine deutlich dichtere Packung von

Transistoren. Dies führt nicht nur zu einer Steigerung der Leistungsfähigkeit und Effizienz, sondern ermöglicht auch die Herstellung kleinerer und leichterer Geräte. Darüber hinaus verspricht die Anwendung von extrem ultravioletter Lithographie (EUV) die Fertigung von Strukturen in noch kleinerem Maßstab, was eine weitere Miniaturisierung und Leistungssteigerung von Chips ermöglicht.

Ein weiterer aufregender Bereich der Forschung, der die Grenzen der traditionellen Chip-Technologie sprengt, ist das Quantencomputing. Obwohl Quantencomputer noch in den Kinderschuhen stecken und ihre direkte Anwendung in alltäglichen Geräten in weiter Ferne liegt, könnten die Grundprinzipien des Quantencomputings neue Wege für die Architektur von KI-Chips eröffnen. Quantenbits oder Qubits bieten die Möglichkeit, Berechnungen auf eine Weise durchzuführen, die mit herkömmlichen Bits nicht möglich ist, und könnten eines Tages zu einer exponentiellen Steigerung der Verarbeitungskapazität führen.

Trotz des enormen Potenzials dieser Innovationen stehen Forscher und Ingenieure vor erheblichen Herausforderungen. Die Integration neuer Materialien und Fertigungstechniken in die Massenproduktion erfordert umfangreiche Forschung und Entwicklung sowie Investitionen in neue Produktionsanlagen und -prozesse. Darüber hinaus müssen Fragen der Kompatibilität, Zuverlässigkeit und Kostenwirksamkeit adressiert werden.

Die Fortschritte in der Entwicklung neuer Materialien, Fertigungstechniken und theoretischer Modelle wie das Quantencomputing deuten jedoch auf eine vielversprechende Zukunft hin. Sie könnten zu KI-Chips führen, die nicht nur leistungsfähiger und energieeffizienter sind, sondern auch neue Formfaktoren und Anwendungsmöglichkeiten eröffnen. Diese Entwicklungen könnten die Art und Weise, wie wir mit Technologie interagieren und von ihr profitieren, grundlegend verändern und eine neue Ära der digitalen Innovation einläuten.

Die zukünftige Entwicklung von KI-Chips verspricht also, die Fähigkeiten von Smartphones erheblich zu erweitern, indem sie leistungsstärkere, effizientere und intelligentere Geräte ermöglichen. Diese Fortschritte werden nicht nur die technischen Spezifikationen von Smartphones verbessern, sondern auch neue Möglichkeiten für die Anwendung von KI in unserem täglichen Leben eröffnen, die Art und Weise, wie wir mit Technologie interagieren, weiterhin verändern und verbessern.

Herausforderungen bei der Weiterentwicklung von KI-fähigen Chips für Smartphones

Die Weiterentwicklung von KI-fähigen Chips für Smartphones steht im Zentrum technologischer Innovationen, birgt jedoch auch spezifische Herausforderungen. Diese reichen von technischen Beschränkungen über Datenschutzbedenken bis hin zu Fragen der Nachhaltigkeit. Eine Diskussion dieser Herausforderungen beleuchtet die Komplexität hinter den Kulissen der Smartphone-Industrie und bietet Einblicke in die Zukunft der mobilen KI.

- Energieeffizienz vs. Leistung: Eines der größten Dilemmata bei der Entwicklung von KI-Chips für Smartphones ist die Balance zwischen Leistungsfähigkeit und Energieverbrauch. KI-Anwendungen erfordern erhebliche Rechenleistung, was in direktem Konflikt mit dem Ziel der Energieeffizienz steht, um die Akkulaufzeit zu verlängern. Die Entwicklung von Chips, die leistungsstark und gleichzeitig energieeffizient sind, bleibt eine zentrale Herausforderung.
- Miniaturisierung: Die fortschreitende Miniaturisierung von Chip-Technologien stößt an physikalische Grenzen, was die Packungsdichte von Transistoren und die damit verbundene Wärmeabgabe angeht. Diese Beschränkungen erfordern innovative Ansätze in der Chiparchitektur und in den Fertigungsprozessen, um die Leistungsfähigkeit weiter zu steigern, ohne die Gerätegröße zu erhöhen oder übermäßige Wärme zu erzeugen.
- Kosten: Die Entwicklung und Fertigung hochentwickelter KI-Chips sind kostenintensiv. Diese Kosten können den Preis von Smartphones beeinflussen, was die Zugänglichkeit und Marktdurchdringung fortschrittlicher KI-Funktionen potenziell einschränkt.

- Datenschutz: Mit der zunehmenden Verarbeitung persönlicher Daten direkt auf dem Gerät durch KI-Chips wachsen auch die Bedenken hinsichtlich des Datenschutzes. Die Sicherstellung, dass diese Daten vor unbefugtem Zugriff geschützt sind, stellt eine erhebliche Herausforderung dar.
- Sicherheit: Die Komplexität von KI-Chips und die darauf laufenden Algorithmen erhöhen das Risiko von Sicherheitslücken, die von böswilligen Akteuren ausgenutzt werden könnten. Die Gewährleistung der Sicherheit dieser Chips gegen Angriffe ist entscheidend für den Schutz der Nutzerdaten und die Integrität der Geräte.
- Ressourcenverbrauch: Die Herstellung fortschrittlicher KI-Chips erfordert erhebliche Mengen seltener Materialien und Ressourcen, deren Abbau und Verarbeitung umwelt- und sozialpolitische Bedenken aufwerfen kann.
- Abfall und Recycling: Mit dem schnellen technologischen Fortschritt und dem daraus resultierenden Zyklus von Upgrades und Ersatz alter Geräte entstehen Herausforderungen in Bezug auf Elektronikschrott und die Wiederverwertung wertvoller Materialien.

Die Überwindung dieser Herausforderungen erfordert eine Kombination aus fortgesetzter Forschung und Entwicklung, interdisziplinärer Zusammenarbeit und einem Engagement für ethische Standards und

Nachhaltigkeit. Während technologische Innovationen Lösungen für einige dieser Probleme bieten können, erfordern andere Herausforderungen einen sorgfältigen Abwägungsprozess zwischen den Vorteilen von KI-Anwendungen und den potenziellen Auswirkungen auf Privatsphäre, Sicherheit und Umwelt. Die Zukunft der KI-fähigen Chips in Smartphones wird daher nicht nur von – beinahe zwangsläufigen - technologischen Durchbrüchen geprägt sein, sondern auch von der Fähigkeit der Industrie, verantwortungsvoll und im Einklang mit gesellschaftlichen Werten zu agieren.

Wir stehen möglicherweise am Vorabend erheblicher technologischer Durchbrüche, die durch KI ermöglicht werden. Von der Medizin, wo KI präzisere Diagnosen und personalisierte Behandlungspläne bieten könnte, bis hin zur Umweltwissenschaft, wo sie bei der Überwachung und Bekämpfung des Klimawandels eine Rolle spielen könnte, sind die Anwendungen vielfältig. In der Industrie könnte die Automatisierung durch KI zu effizienteren Produktionsprozessen führen, während in der Bildung maßgeschneiderte Lernerfahrungen für jeden Schüler geschaffen werden könnten.

Die Einführung von weiteren KI-Technologien wird wahrscheinlich erhebliche wirtschaftliche und soziale Veränderungen mit sich bringen. Während einige Berufe durch Automatisierung ersetzt werden könnten, könnten andererseits neue Arbeitsplätze entstehen, die spezialisierte Fähigkeiten erfordern. Dieser Wandel könnte zu einer Umverteilung der Arbeitskräfte führen und die Notwendigkeit einer Umschulung und Weiterbildung verstärken. Gleichzeitig könnte KI dazu beitragen, soziale Herausforderungen anzugehen, indem sie beispielsweise den Zugang zu Gesundheitsversorgung und Bildung verbessert.

Die zunehmende Präsenz von KI wirft auch nachhaltige ethische und moralische Fragen auf. Themen wie die Entscheidungsfindung durch Algorithmen, die Privatsphäre von Daten und der potenzielle Verlust menschlicher Interaktion erfordern sorgfältige Überlegungen. Es wird notwendig sein, ethische Rahmenbedingungen zu entwickeln, die sicherstellen, dass KI zum Wohle aller eingesetzt wird und nicht zu einer Verstärkung von Ungleichheiten führt.

Die Regulierung von KI wird eine entscheidende Rolle spielen, um einen ausgewogenen Ansatz zwischen der Förderung von Innovation und dem Schutz der Gesellschaft vor potenziellen Risiken zu finden. Die Entwicklung internationaler Normen und Richtlinien könnte dazu beitragen, die positiven Aspekte von KI zu maximieren und gleichzeitig unerwünschte Folgen zu minimieren.

Die Reflexion über die Zukunft der KI zeigt ein Bild voller Potenziale und Herausforderungen. Der Schlüssel zum Erfolg liegt in einer ausgewogenen Herangehensweise, die technologische Fortschritte, ethische Überlegungen, soziale Werte und ökonomische Bedingungen berücksichtigt. Letztendlich liegt es in unserer gemeinsamen Verantwortung, die Entwicklung und

Implementierung von KI-Technologien so zu gestalten, dass sie zum größtmöglichen Nutzen für die gesamte Gesellschaft beitragen.